Das neue russische Patentgesetz

Der gewerbliche Rechtsschutz in Rußland unter besonderer Berücksichtigung des Rechtes der Ausländer

Vollständiger Text der Gesetze mit ausführlichem Kommentar

von

Professor I. J. Heifetz

Patent- und Rechtsanwalt in Leningrad

Uebersetzt von Rechtsanwalt Dr. Hellmut Rost, Berlin

mit einem Vorwort von

L. Martens, Vorsitzendem des russischen Patentamtes

Berlin W

Verlag von M. Krayn

1924

Druck von Kummer & Co., G. m. b. H., Berlin C. 2

Vorwort.

Die vorliegende Arbeit des Professors I. J. Heifetz ist das Schlußkapitel seiner großen Arbeit in russischer Sprache über „Die Grundlagen des Patentrechtes". Für das ausländische Lesepublikum muß dieses letzte Kapitel bedeutendes Interesse darbieten, da es ausführlich über das neue russische Patentdekret berichtet, das eine neue Aera der USSR auf dem Gebiete des Patentrechtes einleitet. Der Verfasser, ein hervorragender Spezialkenner auf diesem Gebiete, nach seiner Vorbildung Ingenieur und Jurist, bemüht sich, durch eine ausführliche Analyse des Dekretes und die Aufzeigung seines Zusammenhanges mit der allgemeinen Gesetzgebung der USSR diejenige Basis zu erläutern, auf der sich die erste Praxis des Komitees für Erfindungsangelegenheiten aufbauen wird. Außerdem ist in dem vorliegenden Buch die Frage über die Patentrechte der Ausländer in Zusammenhang mit ihrer allgemeinen juristischen Stellung im Gebiet der USSR erläutert, ein bisher garnicht bearbeitetes und doch außerordentlich wichtiges Gebiet.

Den hier im Druck vorliegenden Auszug aus dem Buche des Herrn Professors I. J. Heifetz kann ich deshalb als bedeutsamen Schritt zur Unterrichtung ausländischer Erfinder über den tatsächlichen Stand einer ihnen am Herzen liegenden Frage in unserer jungen Republik warm begrüßen.

(gez.) L. Martens.
Vorsitzender des Russischen Patentamts.

Einleitung des Verfassers.

Mehr als drei Jahre sind seit der Einsetzung einer speziellen Patentkommission durch den Rat der Volkskommissäre vergangen. Diese Kommission sollte ein neues Patentgesetz, das der veränderten wirtschaftlichen Politik der Sowjet-Republik entsprechen würde, ausarbeiten. Das in der Zeit des Kriegskommunismus erschienene Gesetz vom 30. Juni 1919 entsprach nicht mehr den tatsächlichen Bedürfnissen und der Entwicklung der produktiven Kräfte. Die Schaffung eines Patentgesetzes, das in gleicher Weise den Interessen des Erfinders und denjenigen der Gesellschaft gerecht wird, wurde erst in dem Augenblicke möglich, als die wirtschaftliche Entwicklung die Schaffung fester und dauerhafter Formen des wirtschaftlichen Lebens ermöglicht hatte. Dies erklärt auch genügend, warum zur Schaffung des Patentgesetzes mehrere Jahre notwendig waren.

Die vorliegende Schrift enthält den Versuch einer dogmatischen Analyse der neueren russischen Patent-Gesetzgebung und die Grundlagen, auf denen die neue russische Patentpraxis aufgebaut werden kann. Es ist mir eine angenehme Pflicht, meinen ganz besonderen Dank dem Vorsitzenden des Komitees für Erfindungsangelegenheiten, Herrn Ing. L. K. Martens auszusprechen, der mir in entgegenkommendster Weise die Möglichkeit gegeben hat, einen tiefen Einblick in die Arbeit des Komitees zu gewinnen. Ich danke ebenfalls dem Stellvertretenden Vorsitzenden des Komitees, Herrn J. O. Michailowsky, der es mir ermöglicht hat, die Praxis des Komitees näher zu studieren, speziell was die Fragen betrifft, die durch das Einführungsgesetz geregelt werden (Wiederinkraftsetzung von früheren Patenten und Anmeldungen).

In meinen Ausführungen habe ich mich an die Bestimmungen der Instruktion gehalten, die das Komitee ausgearbeitet hat und die sich gegenwärtig im Präsidium des Obersten Volkswirtschaftsrates und dem Rate für Arbeit und Verteidigung zur Bestätigung befindet.

Der Leser wird in diesem Buche auch eine Studie über die Rechte der Ausländer in der Union finden. Diese Frage ist interessant und wichtig, bisher aber in der russischen und ausländischen Literatur noch wenig beleuchtet. Außer den Texten der Patentgesetze habe ich auch diejenigen der wichtigsten Bestimmungen, die die gewerbliche Tätigkeit von Ausländern in der Republik regeln, aufgenommen. Da der ausländische Leser mit den verschiedenen russischen Behörden und Institutionen noch wenig vertraut ist, so habe ich im Anhang ein kurzes Verzeichnis derselben gegeben.

Prof. J. Heifetz.

Leningrad, den 24. September 1924.

Inhalt:

I.
Das neue russische Patentdekret.

Durch das Dekret des Rates der Volkskommissare vom 13. Juli 1921 wurde eine Patentkommission geschaffen, der die Durchsicht der geltenden Gesetzesbestimmungen über Erfindungen übertragen wurde, „um diese Gesetze mit den Bedingungen in Einklang zu bringen, die zwecks Heranziehung ausländischer Anmeldungen nach Rußland in Verbindung mit der Import- und Konzessionspolitik der RSFSR erfüllt werden müssen“. Der Kommission wurde eine Frist von 2 Monaten gesetzt; die Arbeit der Patentkommission und der folgenden gemischt-ressortlichen Ausgleichungskommission erstreckte sich einschließlich des Durchganges des Dekretes durch die gesetzgebenden Instanzen auf drei Jahre. Erst am 10. Juni 1924 ging der Gesetzesvorschlag durch den Rat der Volkskommissare der Union und wurde durch das Zentral-Exekutiv-Komitee am 15. September 1924 bestätigt. Es ist keineswegs ein Zufall, daß die Schaffung des Patentgesetzes eine so lange Frist verlangte. Die soziale und wirtschaftliche Struktur der Republik kristallisierte sich nur langsam heraus, und deshalb war es schwer, diejenige Linie zu finden, auf der die Interessen des Erfinders mit den Interessen der Volkswirtschaft zum Ausgleich gebracht werden konnten. Die große Zahl der Stadien, die das Patentdekret durchwandern mußte, drückte seinem Aussehen ihr Siegel auf: Die nicht vollständige Uebereinstimmung seiner einzelnen Teile; in den einzelnen Artikeln empfindet man die Zufälligkeit dieses oder jenes Punktes usw. Aber im allgemeinen und ganzen muß das Dekret als gelungen angesehen werden: Dank der festen Beharrlichkeit der Leiter des Komitees für Erfindungsangelegenheiten gelang es, eine ganze Reihe von Korrekturen der einzelnen Ressorts auszuschalten, die die Einheitlichkeit des Aufbaus des Patentdekretes störten. In seinen Grundlagen hält das Dekret der Prüfung stand und vereinigt nach unserer Meinung sehr glücklich die Interessen des Erfinders (Urhebers) mit den Interessen der Entwicklung der Produktionskräfte der Republik.

Wir wollen nun zur Erörterung der einzelnen Teile des Dekretes übergehen.

§ 1. **Territoriale Wirksamkeit des Dekretes.**

In territorialer Beziehung erstreckt das Dekret seine Wirksamkeit auf die gesamte Union der Sozialistischen Sowjet-Republiken; nach seinem Inkrafttreten werden alle Gesetze über Erfindungen kraftlos, die von den einzelnen Unionsrepubliken erlassen sind (Art. 1 der Verordnung des Zentral-Exekutiv-Komitees und des Rates der Volkskommissare über die Einführung des Dekretes über Erfindungspatente).

§ 2. **Gegenstand.**

In Bezug auf ihren Gegenstand werden Patente erteilt „auf neue Erfindungen, die eine gewerbliche Verwertung zulassen“ (Art. 1 des Dekretes). Das Gesetz enthält keine Begriffsbestimmung der Erfindung, ungeachtet zahlreicher Versuche des Moskauer Erfindervereins (AIZ), eine solche Bestimmung zwecks besseren Schutzes des Anmelders einzuführen. In dieser Richtung folgte der Moskauer Erfinderverein dem Vorgehen des Deutschen Verbandes, der die gleichen Wünsche in den achtziger Jahren des vergangenen Jahrhunderts ausgesprochen hatte. Des Interesses wegen und zur Geschichte der Frage will ich eine von den Varianten anführen, die von dem AIZ vorgeschlagen und der Arbeiter- und Bauerninspektion zur Einführung in das Gesetz empfohlen wurden: „Zur Anerkennung eines in der Anmeldung enthaltenen technischen Projektes als Erfindung ist erforderlich das nachweisbare Vorhandensein der folgenden einzelnen Merkmale und ihrer Gesamtheit:

1. einer originellen und schöpferischen Arbeit,
2. der vorher nicht bekannten Lösung einer bestimmten technischen Aufgabe,
3. der Erzielung eines im Ergebnis objektiv neuen und wesentlichen technisch-wirtschaftlichen (gewerblichen) Effektes“.

Zum Glück für das Gesetz und für die Behörde, der seine Anwendung übertragen worden ist, sind solche „objektiven Merkmale“ in dem Dekret nicht enthalten; solche Kriterien besagen garnichts, denn die Qualifikation einer Schöpfung als einer solchen läßt sich auch in der besten Formulierung nicht unterbringen: Eine vollständig abgegrenzte und bestimmte juristische Formel ist für sie zu eng. Wie im Westen, so wird auch bei uns der Begriff „Erfindung“ im konkreten Falle durch das Komitee für Erfindungsangelegenheiten festgestellt werden.

Ein Patent wird erteilt auf eine n e u e Erfindung. Der Mangel des Erfordernisses der Neuheit wird im Texte des Gesetzes definiert: „Eine Erfindung gilt nicht als neu, wenn sie zur Zeit ihrer Anmeldung im Gebiete der USSR oder im Auslande ganz oder in ihren wesentlichen Teilen in einer Druckschrift beschrieben war oder so offenkundig angewendet wurde, daß sie von einem Sachverständigen nachgemacht werden konnte“. In Bezug auf neuheitsschädliche Tatsachen ist das russische Gesetz strenger als das westeuropäische und amerikanische Recht:

a) Der Neuheit schädlich ist die Veröffentlichung im Druck, unabhängig von der inzwischen vergangenen Zeit (nach deutschem Recht sind es 100 Jahre),

b) Die offenkundige Anwendung der Erfindung hindert die Neuheit nicht nur, wenn sie im Inland, sondern auch, wenn sie im Ausland erfolgt ist.

In dieser Richtung ist unser Dekret nicht ganz folgerichtig. Wie wir weiter unten sehen werden, steht das Dekret auf dem Boden des Erfinderrechtes, insofern als den Anspruch auf das Patent der E r f i n d e r, nicht der A n m e l d e r besitzt; logischer Weise liegt dem Erfinderpatent die Tatsache der Urheberschaft, dem Anmeldepatent dagegen die Bekanntgabe des Geheimnisses der Erfindung zu Grunde. Unser Recht, das das Patent dem Erfinder gewährt, macht dieses außer von der Urheberschaft auch noch von der Bekanntgabe einer bisher unbekannten Erfindung abhängig; hierbei wird eine qualifizierte Bestimmung der Neuheit in Bezug auf die offenkundige Anwendung gegeben, die noch strenger ist als das amerikanische und englische Recht. Selbst das auf dem Anmeldeprinzip beruhende deutsche Recht verhält sich dem Anmelder gegenüber in dieser Beziehung entgegenkommender: Es erachtet als eine neuheitschädliche Tatsache nur die Anwendung auf dem eigenen Gebiet, indem es eine solche im Auslande zusäßt. Bei uns muß dagegen das Geheimnis der Erfindung in Bezug auf ihre Anwendung absolut gewahrt werden, unabhängig von dem Gebiet der Anwendung.

Sehr zu beachten ist auch das Folgende: Der Gesetzestext spricht von der Neuheitschädlichkeit der Tatsache, daß die Anmeldung „ganz oder in ihren wesentlichen Teilen in einer Druckschrift beschrieben war“; aus dem Wortlaut geht hervor, daß neuheitschädlich schon die Beschreibung in einer beliebigen Druckschrift ist, unabhängig von ihrer Zugänglichkeit für jedermann; es erklärt sich dies durch redaktionelle Veränderungen. Im Text der letzten Redaktion des Vorschlages war hinzugefügt: „Die im Verlaufe der letzten hundert Jahre veröffentlicht ist“. Zusammen mit der Frist wurde auch das Wort „veröffentlicht“ gestrichen. Jede ausländische Gesetzgebung verlangt zur Neuheitschädlichkeit, daß die Beschreibung allgemein zugänglich ist; in Analogie mit dem zweiten Teil desselben Artikels (offenkundige Anwendung) muß man annehmen, daß die Versagung des Patentes nur dann zulässig ist, wenn die Druckschrift zu einer weiteren Verbreitung bestimmt war, nicht jedoch, wenn sie vertraulich als Manuskript für einzelne Spezialisten gedruckt war.

Es fehlt in dem Gesetz eine Bestimmung über den Einfluß ausländischen Patentmaterials auf die Neuheit. In dieser Beziehung scheint die deutsche Praxis richtig, die sich auf ein objektives Merkmal stützt: Als entscheidend gilt die Tatsache, ob die Erfindung bis zum Tage ihrer Anmeldung erschöpfend in Patentschriften oder einer entsprechenden Veröffentlichung beschrieben war und ob diese Schriften tatsächlich für jedermann zugänglich waren.

Das Erfordernis der Verwendbarkeit zu gewerblichen Zwecken ist in dem Sinne zu verstehen, daß es für die Erfüllung desselben genügt, daß eine Erfindung direkt oder indirekt bei einer gewerblichen Tätigkeit verwandt werden kann.

Analog dem deutschen Rechte enthält das Patentdekret eine besondere Bestimmung über die Patentfähigkeit von „Heil-, Nahrungs- und Genußmitteln sowie von solchen Stoffen, die auf chemischem Wege erzeugt sind“; diese Gegenstände werden in Bezug auf das Verfahren, nicht in Bezug auf das Erzeugnis patentiert (Art. 1 Abs. 2).

Nicht patentiert werden Erfindungen, „deren Anwendung dem Gesetze zuwiderlaufen würde“ (Art. 1 Abs. 3). Es ist zu begrüßen, daß das Dekret nicht die unbestimmte Formel des „Verstoßes gegen die guten Sitten“ enthält, aber andererseits verfrüht die bedingte Ausdrucksweise „zuwiderlaufen würde“ zu der Annahme, daß eine Erfindung nicht patentfähig ist, wenn sie die Möglichkeit zur Vornahme gesetzwidriger Handlungen bietet — dann würden nur sehr wenige patentfähige Erfindungen übrig bleiben, denn fast jeder Gegenstand der äußeren Welt kann als Werkzeug irgend eines Deliktes benutzt werden. Zur Versagung der Patenterteillung ist nötig, daß die Erfindung zur Ausführung verbotener Handlungen bestimmt war.

Außer der grundlegenden Erfindung kennt das Dekret die Zusatzerfindung und die Verbesserungserfindung. Zum ersten Mal grenzt die russische Gesetzgebung diese beiden Arten von Erfindungen bestimmt ab, indem sie sie ausschließlich nach ihrem Subjekt unterscheidet: Subjekt der Zusatzerfindung kann nur der Inhaber der Stammerfindung sein (Art. 12), während ein Verbesserungspatent jeder dritten Person erteilt wird, die als Urheber einer Erfindung erscheint, die eine andere, durch ein erteiltes Patent geschützte Erfindung vervollkommnet oder abändert (Art. 14).

Im Text wird bestimmt hervorgehoben, wie in Bezug auf das Zusatzpatent (Art. 12) so auch beim Verbesserungspatent (Art. 14), daß sie auf eine Erfindung erteilt werden, d. h. daß objektiv das Vorhandensein eines schöpferischen Elementes im gleichen Maße wie für die Erteilung eines Stammpatentes erforderlich ist. In unserem Dekret tritt deutlich hervor, daß der Begriff der Abhängigkeit ein juristischer Begriff ist, der sich aus den gegenseitigen technischen Beziehungen der Erfindungen ergibt. Die Zusatzerfindung muß „die durch das Stammpatent geschützte Erfindung vervollkommnen oder weiter entwickeln" (Art. 12). Das Zusatzpatent ist mit dem Stammpatent verbunden: Es geht auf den Rechtsnachfolger als Zubehör des Stammpatentes ohne besondere Vergütung über, wenn nichts anderes vereinbart ist. (Art. 13). In Bezug auf das Erlöschen des Zusatzpatentes stimmt unser Gesetz gleichfalls mit dem deutschen überein und unterscheidet sich vorteilhaft von dem englischen; nach dem letzteren erlischt das Zusatzpatent immer mit dem Stammpatent, was das Zusatzpatent fast jedes Wertes beraubt. Nach dem Patentdekret jedoch „erlischt das Zusatzpatent gleichzeitig mit dem Erlöschen des Stammpatentes, mit Aunahme des Falles, daß das Stammpatent aus Gründen für nichtig erklärt wird, die das Zusatzpatent nicht berühren. In diesem Falle kann der Inhaber des letzteren im Verlaufe von 6 Monaten nach Eintritt der Rechtskraft der Entscheidung die Umwandlung des Zusatzpatentes in ein selbständiges Patent verlangen. Ein solches Gesuch wird als Anmeldung des Erfinders mit der Priorität seiner Anmeldung als Zusatzerfindung angesehen (Art. 13). Das Verbesserungspatent wird einem anderen Erfinder erst nach Ablauf eines Jahres seit der Veröffentlichung über die Erteilung des ersten Patentes gewährt, wenn auch die Anmeldung im Verlaufe dieses Jahres bereits erfolgt sein sollte*). Bekanntlich verbietet das deutsche Recht dem Patentamt, auf dem Patent die Tatsache der Abhängigkeit von einem anderen zu vermerken, was außerordentlich unpraktisch ist, da jeder Patentinhaber dazu neigt, seine Rechte als unbedingt und unbeschränkt zu betrachten; dies führt zu vielen Mißverständnissen. Unser Komitee ist dagegen im Falle der Abhängigkeit verpflichtet, diese Tatsache auf dem Patent und den entsprechenden Veröffentlichungen hervorzuheben, was in diesem sehr komplizierten Gebiet der wechselseitigen Beziehungen mit einander konkurrierender Erfinder klare Verhältnisse schaffen wird. Die gegenseitigen Beziehungen der beiden Erfinder werden von dem Dekret folgendermaßen geregelt:

„Der Inhaber des ersten Patentes einerseits und derjenige, der ein Patent für die Vervollkommnung oder Abänderung der Erfindung erhalten hat, andererseits können diese Abänderung oder Vervollkommnug nur im gegenseitigen Einverständnis verwenden" (Art. 14). Hieraus ergibt sich, daß unser Recht die gegenseitigen Beziehungen der beiden Patentinhaber als zwei sich schneidende Kreise betrachtet, wobei ein Gebiet vorhanden ist, das zu beiden Kreisen gehört. Angesichts dessen ist die gegenseitige Zustimmung erforderlich für das u n v e r m e i d l i c h e Eindringen in das Gebiet des anderen Patentinhabers. Infolgedessen ist zur Feststellung der Abhängigkeit nicht genügend die Feststellung der M ö g l i c h k e i t der Verletzung eines Patentes bei der Verwirklichung einer bestimmten Erfindung in irgendeiner Form; es muß vielmehr die U n v e r m e i d l i c h k e i t der Verletzung eines fremden Patentes durch irgendeine konkrete Form der Ausführung der Erfindung festgestellt werden. In diesem Falle ist zur Benutzung der Ergänzung oder Abänderung unbedingt erforderlich, in die Sphäre des Stammpatentes einzudringen, weshalb die Zustimmung des Patentinhabers erfordert wird, während andererseits der letztere diese Ergänzungen und Verbesserungen nicht ohne Zustimmung ihres Urhebers gebrauchen kann.

Falls die Erfindung wegen des Mangels der objektiven Voraussetzungen in Art. 1 und 2 des Dekretes nicht patentfähig war, so wird das Patent im gerichtlichen Verfahren auf Antrag der

*) Auf diese Weise genießt der Erfinder eine einjährige Priorität vor allen anderen Personen nach Anmeldung seiner Zusatzerfindung; zur Erhaltung dieses Rechtes ist es wesentlich, daß der Zeitraum zwischen den beiden Anmeldungen nicht länger als 1 Jahr ist.

beteiligten physischen oder juristischen Personen für nichtig erklärt (Art. 21 Abs. a). Wenn die angegebenen Bedingungen in Bezug auf das Patent nur für einen bestimmten Teil desselben zutreffen, und wenn dieser Teil von seinem übrigen Inhalt getrennt werden kann, so kann das Patent nur zu einem entsprechenden Teil für nichtig erklärt werden (Anmerkung zu Art. 21). Die Klagenverjährung beträgt drei Jahre entsprechend Art. 44 des bürgerlichen Gesetzbuches der RSFSR.

§ 3. **Subjekt des Rechtes.**

Wie wir oben bei der Frage der Neuheitsschädlichkeit gesehen haben, ist die Grundbedingung für die Erlangung eines Patentes ebensowohl die Tatsache der Urheberschaft wie die Bekanntgabe des Geheimnisses der Erfindung; bei Vorhandensein des letzteren Umstands wird das Recht auf das Patent nach dem Ausspruch des Gesetzes nur dem Autor der Erfindung gewährt. „Das Recht auf die Erteilung des Patentes hat der wirkliche Erfinder oder sein Rechtsnachfolger" (Art. 3 Abs. 1). Das Komitee für Erfindungsangelegenheiten befaßt sich von Amtswegen nicht mit der Frage der Autorschaft. Das Gesuch um Erteilung eines Patentes muß die Versicherung enthalten, daß der Anmelder der wirkliche Erfinder ist. Eine vorsätzlich unrichtige Versicherung über die Autorschaft gilt als strafbare Handlung entsprechend Art. 226 des Strafgesetzbuches („Die Abgabe von wissentlich unwahren Mitteilungen in Erklärungen, die bei einer staatlichen Behörde oder einer zur Vornahme von im Gesetz vorgesehenen Ermittelungen zuständigen Amtsperson bei der Eintragung von Handels- und Industrie- und anderen Gesellschaften, beim Eintritt in den Staatsdienst und dergleichen abgegeben werden, wird mit einer Geldstrafe bis zu 300 Rubel Gold oder mit Zwangsarbeit bis zu 3 Monaten bestraft"). Wenn der Anmelder jedoch angibt, daß der Erfinder eine andere Person ist, so muß er den Beweis führen, daß das Recht auf das Patent auf ihn übergegangen ist (Art. 3 Abs. 2 Satz 2). Das Geheimnis der Erfindung muß vollständig bekanntgegeben werden: „In einer besonderen Anlage der Anmeldung muß die Erfindung in ihren wesentlichen Teilen so klar, deutlich und vollständig beschrieben werden, daß ihre Anwendung für jede Person möglich erscheint, die mit dem betreffenden gewerblichen Gebiet vertraut ist" (Art. 27 Satz 3). Beim Wettstreit der Erfinder ist nicht der Augenblick der geistigen Schöpfung, sondern derjenige der Bekanntgabe des Geheimnisses der Erfindung maßgebend. „Wenn mehrere Personen von einander unabhängig ihr Recht auf Erteilung eines Patentes für die gleiche Erfindung nachweisen, so wird das Patent demjenigen von ihnen erteilt, der zuerst in vorgeschriebener Form die Erfindung angemeldet hat" (Art. 4 Abs. 1). „Wenn mehrere Anmeldungen derselben Erfindung in vorgeschriebener Form am gleichen Tage erfolgt sind, so erteilt das Komitee für Erfindungsangelegenheiten, soweit es den Anmeldern das Recht auf ein Patent zubilligt, ein Patent auf ihren gemeinsamen Namen, falls zwischen den Anmeldern hierüber nicht etwas anderes vereinbart wird" (Art. 4 Abs. 2). Gegen eine unbefugte Person gibt es eine Klage auf Nichterteilung oder Löschung des Patentes wegen Mangels der Autorschaft. „Wenn eine Erfindung von einer Person angemeldet wurde, die nicht das Recht auf ein Patent für die betreffende Erfindung besitzt, so kann die wirklich auf das Patent berechtigte Person während der ganzen Dauer des Patenterteilungsverfahrens einen Antrag an das Komitee für Erfindungsangelegenheiten richten, daß die Anmeldung für ungültig erklärt werden soll, und sie hat ferner das Recht, binnen drei Jahren seit dem Tage der Veröffentlichung des Patentes eine gerichtliche Klage auf Nichtigerklärung des Patentes anzustellen" (Art. 8 Satz 1). Dementsprechend bestimmt Art. 21, daß „ein Patent im gerichtlichen Verfahren auf Antrag der beteiligten physischen oder juristischen Personen für nichtig erklärt wird, wenn festgestellt wird, daß derjenige, der die Erfindung zur Patentierung angemeldet hat, nicht der wirkliche Erfinder oder sein Rechtsnachfolger ist".

Satz 2 des Artikels 8 lautet: „Beim Eintritt der Rechtskraft der Entscheidung des Komitees für Erfindungsangelegenheiten oder der gerichtlichen Entscheidung, die eine Anmeldung oder ein Patent für nichtig erklärt, gilt die Einleitung des erwähnten Verfahrens oder der Klage seitens des wirklichen Berechtigten als gleichbedeutend mit einer Anmeldung der Erfindung mit Priorität vom Tage der für nichtig erklärten Anmeldung, vorausgesetzt, daß alle für eine Anmeldung erforderlichen Angaben und Dokumente binnen einer Frist von 3 Monaten beigebracht werden". Auf diese Weise wird die Klage um die Autorschaft vor der Erteilung des Patentes bei dem Komitee erhoben; nach Erteilung des Patentes ist die Klage binnen 3 Jahren beim Gericht einzureichen. Angesichts des klaren Sinnes des Art. 2 des BGB, wonach „Streitigkeiten in bürgerlich-rechtlichen Angelegenheiten durch die Gerichte entschieden werden", und des in einem bestimmten Streite über die Autorschaft vorliegenden bürgerlich-rechtlichen Interesses, muß man annehmen, daß die Entscheidung der zweiten Instanz des Komitees beim Gericht im Wege eines Klageverfahrens angefochten werden kann*). Leider enthält das Dekret keine Frist für eine derartige Klage, eine Lücke, die unbedingt ausgefüllt werden muß; andernfalls würde der Berechtigte angesichts der Ungewißheit des Augenblicks, wann die Entscheidung des Komitees in Rechtskraft übergeht, nicht imstande sein, seine Rechte auf Grund der Anmeldung zur Entstehung zu bringen.

Das Patentdekret stellt auch den Begriff der gemeinsamen Autorschaft auf. „Personen, die eine Erfindung gemeinsam gemacht haben, haben Anspruch auf ein Patent auf ihren gemeinsamen Namen, ohne daß in dem Patent ihre gegenseitigen Beziehungen bestimmt werden“ (Art. 4 Abs. 3). „Die Beziehungen zwischen den Teilhabern eines Patentes, das auf gemeinsamen Namen erteilt ist, werden durch eine angemessene Vereinbarung zwischen ihnen bestimmt“ (Art. 4 Abs. 5). Das Dekret geht jedoch noch weiter, insofern als es auch verschiedenen Mitwirkenden das Recht auf Erwähnung in der Patenturkunde gibt. „Ein Patent kann auch dann auf den gemeinsamen Namen mehrerer Personen erteilt werden, wenn einige von ihnen bei der Ausgestaltung der Erfindung nur durch Leistung von wesentlich unentbehrlicher technischer Hilfe mitgewirkt haben, worauf auch in der Patenturkunde hinzuweisen ist“ (Art. 4 Abs. 4). Eine solche Mitarbeit liegt dann vor, wenn einer oder mehrere der Beteiligten Träger der schöpferischen Idee sind, die derselben Fleisch und Blut gegeben haben, während andere ihnen bei der Ausführung, den Einzelheiten der Konstruktion helfen, die nur einen Kunstgriff und technisches Verständnis erfordern. In einzelnen Fällen, bei verwickelten und umfassenden Erfindungen, können einige der Mitwirkenden auf Grund der dem Autor geleisteten technischen Hilfe als unersetzlich und ihre Hilfe als wesentlich unentbehrlich erscheinen. Solche Mitarbeiter können nach dem Dekret auf Grund einer Anmeldung des Autors in der Patenturkunde als solche angegeben werden, die „wesentlich unentbehrliche Hilfe geleistet haben“; sie können in dem Patent ebenso als seine Teilhaber angegeben werden, wenn der Autor eine entsprechende Erklärung abgibt. Berechtigt zu einer solchen Anmeldung beim Komitee ist der Autor. Eine entsprechende Anmeldung des Autors kann

*) Zum gleichen Ergebnis für die Bestimmung in Art. 39 Abs. 2 („Die auf Grund der Klage ergehende Entscheidung gilt als endgültig und kann nur vom Gericht gemäß Art. 21 des gegenwärtigen Dekrets abgeändert werden;“ der Streit um die Autorschaft fällt unter Art. 21 Abs. b.).

bis zum Augenblick der Patenterteilung eingereicht werden. Insoweit zwischen solchen Mitarbeitern und dem Autor eine Vereinbarung über die Aufnahme ihrer Namen in das Patent oder über ihre Beteiligung an dem Patentrecht in gewissem Umfange getroffen war, können die Mitarbeiter ihren Anspruch im Wege einer Zivilklage vor dem Gericht verfolgen.

Jeder von den Mitberechtigten hat das Recht, selbständig wegen Patentverletzungen Klage zu erheben (Art. 11 Abs. 1). Um ein Patent infolge Verzichtes für erloschen erklären zu können, bedarf es im Falle mehrerer Urheber der Anmeldung von Seiten aller Patentberechtigten (Art. 20 Abs. c). Die Veräußerung des Patentes oder die Erteilung einer Lizenz kann nur im Einverständnis aller erfolgen (Art. 10 Satz 3).

Im Zusammenhang mit der Frage nach dem Subjekt bemerken wir, daß unser Gesetz auch die Parallelerfindung regelt. Art. 16 des Dekretes bestimmt: „Wer bis zur Bekanntmachung der Erteilung des Anmeldezeugnisses für eine Erfindung im Gebiete der USSR in gutem Glauben diese Erfindung in einem gewerblichen Unternehmen angewandt oder Vorbereitungen hierzu getroffen hat, behält das Recht zur gewerblichen Verwertung der Erfindung ausschließlich für den Bedarf des Unternehmens, in dem die Erfindung angewandt wurde. Das angegebene Recht kann auf einen anderen nur zusammen mit dem erwähnten Unternehmen übergehen."

Der Begriff des guten Glaubens ist nicht allein im Verhältnis zu dem Patentinhaber, sondern auch zu dritten Personen zu verstehen, d. h. es wird in subjektiver Beziehung vorausgesetzt, daß der Vorbenutzer der Autor oder der Rechtsnachfolger des Autors der Parallelerfindung ist; nach dem Dekret wird als allgemeine Regel die Existenz zweier identischer Erfindungen als Voraussetzung für das Vorhandensein eines Vorbenutzungsrechts angenommen. In objektiver Beziehung muß die Erfindung bis zum Augenblick der Veröffentlichung der Anmeldung schon ausgeführt oder es müssen alle zu ihrer Ausführung erforderlichen Vorbereitungen getroffen sein. Der maßgebende Zeitpunkt für das Recht der Vorbenutzung wie auch für seinen Umfang ist der Augenblick der Veröffentlichung der Anmeldung des Autors. Zur Feststellung des Vorhandenseins eines Vorbenutzungsrechtes ist, wenn wir einmal einen strafrechtlichen Ausdruck anwenden wollen, wenigstens ein „Versuch" zur praktischen Ausführung der betreffenden Erfindung erforderlich; d. h. notwendig und ausreichend sind diejenigen Anstalten, die objektiv zur Ausführung der Erfindung in ihren wesentlichen Einzelheiten geeignet sind und die nach außen als subjektives Moment den ernsthaften Willen des Handelnden zum Ausdruck bringen, daß er sie unverzüglich zur Ausführung der Erfindung benutzen will. Hierher gehören: die Anfertigung von Werkzeichnungen oder Modellen, die Anstellung ernsthafter Versuche im Laboratorium, der Beginn mit der Errichtung einer Fabrik zur Herstellung der Erfindung usw. Die Anwendung durch den Vorbenutzer kann geheim oder sogar offenkundig sein; im letzteren Falle kann er eine Klage auf Ungültigkeitserklärung des Patentes wegen mangelnder Neuheit erheben (Art. 21 Abs. a des Dekretes). Soweit er die Klage nicht angestrengt hat, behält er wenigstens das Recht der Weiterbenutzung. Der Umfang des erörterten Rechtes ähnelt einer Lizenz, die für den Bedarf eines bestimmten Unternehmens notwendig und ausreichend ist; dieser Umfang ist eine Tatfrage. Der Berechtigte kann diese Lizenz nur zusammen mit dem Unternehmen veräußern. Es besteht kein Grund, dem Berechtigten den Anspruch auf Anerkennung seines Rechtes durch das Komitee und auf Eintragung desselben in das Patentregister zu versagen.

§ 4. **Recht der Arbeiter und Angestellten auf ein Patent.**

Man muß sagen, daß Art. 6 des Dekretes, der das Recht des Erfinders regelt, sofern dieser in einem fremden Unternehmen arbeitet, eine ziemlich unklare Bestimmung ist. Hier haben sich die Verfasser des Dekretes bemüht, einen Ausgleich der widerstreitenden Interessen des Unternehmens und des in ihm arbeitenden Erfinders in Bezug auf die Patentrechte und die Entziehung der Vorteile aus demselben herzustellen; anstatt jedoch grundsätzlich für das Interesse eines der Beteiligten einzutreten und zu Gunsten der anderen Partei einen Ausgleich zu schaffen, gibt das Dekret eine Reihe weitschweifiger und widerspruchsvoller Vorschriften, die in ihrer Gesamtheit die Frage analog mit der deutschen Praxis regeln, wie sie in dem Gesetzesentwurf des Jahres 1913 niedergelegt ist, indem es bei dieser Gelegenheit die grundlegenden Momente der gegenseitigen materiellen Beziehungen beider Parteien außer Betracht läßt. Vor allem muß hervorgehoben werden, daß der erwähnte Artikel diejenigen Streitfälle hätte regeln müssen, bei denen eine wirkliche Kollision auftritt. Eine solche kann sich nur bei Vorliegen der beiden folgenden Momente ergeben:

a) Der Arbeiter oder Angestellte ist Urheber oder Miturheber einer bestimmten Erfindung; soweit dies nicht zutrifft, kann von keinem Rechte des Arbeiters oder Angestellten die Rede sein;

b) Die betreffende Erfindung muß im Bereich der Dienstverpflichtungen des Beteiligten liegen; hierfür ist maßgebend das Verhältnis der wirtschaftlichen Tätigkeit des Erfinders zu der von ihm gemachten Erfindung.

Art. 6 Abs. 1 Satz 1 des Dekretes, der das Recht des Erfinders als Arbeiters oder Angestellten regelt, bestimmt:

„Ein Erfinder, der zur Zeit, als er die Erfindung machte, in einem Unternehmen arbeitete, behält das Recht auf Erteilung des Patentes auf seinen Namen".

Die Tatsache der Arbeit in einem Unternehmen zur Zeit der Erfindung, unabhängig von dem Charakter der Arbeit des Angestellten und den wirtschaftlichen Aufgaben des Unternehmens, ist jedoch für die Entscheidung des vorliegenden Problems über das Recht auf das Patent keineswegs wesentlich. Die erörterte Bestimmung ist daher ohne jede materielle Bedeutung.

Für den Uebergang der von dem Arbeiter oder Angestellten gemachten Erfindung auf das Unternehmen stellt Art. 6 folgende Voraussetzungen auf:

a) die Tätigkeit des Erfinders auf Grund seiner Dienstverpflichtungen muß gerade auf Gewinnung von Erfindungen dieser Art gerichtet sein;

b) die so bestimmte Tätigkeit muß in einem schriftlichen Vertrage vereinbart sein;

c) die Erfindung darf nicht aus dem Bereiche der dem Angestellten von dem Unternehmen übertragenen Aufgaben herausfallen.

Die Formulierung der Voraussetzung a) ist aus der deutschen Praxis entnommen (Entscheidung des Reichsgerichts vom 22. 4. 1898), wonach das Recht auf die Angestelltenerfindung nur dann auf das Unternehmen übergehen kann, wenn der Dienstverpflichtete kraft seiner Dienstobliegenheiten seine Bemühungen auf die Gewinnung derartiger Erfindungen zum Nutzen des Arbeitgebers richten mußte; aus dieser seiner Formulierung leitete das Reichsgericht die beiden folgenden Sätze ab:

1. Der Angestellte muß auf Grund seines Dienstverhältnisses (des Dienstvertrages) verpflichtet sein, Erfindungen einer bestimmten Art zu machen und

2. diese Erfindungen müssen für das Unternehmen gemacht sein, d. h. es muß die Erfindung in die Kategorie der in dem Unternehmen verwerteten und benutzten Erfindungen fallen.

Diese beiden Sätze sind in den Text des § 10 des deutschen Gesetzesentwurfes von 1913 übergegangen („Die Ansprüche eines Erfinders, der in einem gewerblichen Unternehmen angestellt ist, gehen, soweit nichts anderes vereinbart ist, auf den Unternehmer über, wenn die Erfindung ihrer Art nach im Bereiche der Aufgaben des Unternehmens liegt und die Tätigkeit, die zu der Erfindung geführt hat, zu den Obliegenheiten des Angestellten gehört".) Es ist zu bedauern, daß der Art. 6 des Dekretes nicht diese vollständigere und bestimmtere Formulierung enthält. In jedem Falle muß die Praxis das Vorliegen jener beiden Merkmale zur Feststellung der Voraussetzung zu a) fordern.

Bei Vergleich des Momentes a) mit dem Moment c) muß man annehmen, daß nach unserem Recht das Patent nur dann auf das Unternehmen übergeht, wenn der Arbeiter oder Angestellte nicht nur verpflichtet ist, Erfindungen einer bestimmten Art zu machen, sondern man muß auch verlangen, daß ihm bestimmte Aufgaben in dieser Beziehung gestellt sind. Die allgemeine Formel, die gewöhnlich in einen Vertrag dieser Art aufgenommen wird, daß der Angestellte verpflichtet ist, seine Aufmerksamkeit auf Verbesserung des Betriebes zu richten, und entsprechende Erfindungen hervorzubringen, und daß er alle in diesem Rahmen gemachten Erfindungen auf das Unternehmen übertragen muß, ist nicht ausreichend; jedem, der mit der Gesamtheit seiner wirtschaftlichen Tätigkeit zur Dienstleistung angenommen ist, müssen bestimmte konkrete Aufgaben zur Gewinnung von Erfindungen gestellt sein, deren Ausführung den Uebergang der Erfindung auf das Unternehmen nach sich zieht. Jede Erfindung, die die Grenzen dieser Aufgaben des Dekretes überschreitet, gehört nach dem klaren Wortlaut des Art. 6 dem Angestellten. Diese Aufgaben müssen unbedingt sowohl in dem Tätigkeitsgebiet des betreffenden Unternehmens, wie auch in der Sphäre der wirtschaftlichen Tätigkeit des Angestellten liegen.

Das Moment b) erfordert das Vorhandensein einer schriftlichen Vereinbarung darüber, daß die wirtschaftliche Tätigkeit des Angestellten auf die Gewinnung derartiger Erfindungen gerichtet sein muß. Das Vorhandensein einer solchen Vereinbarung kann nicht aus dem stillschweigenden Verhalten der Parteien oder aus dem Anstellungsvertrage abgeleitet werden und wird vom Gesetz nicht vermutet, wie dies in dem deutschen Gesetzesvorschlag der Fall ist („Die Ansprüche des Erfinders gehen, soweit nichts anderes vereinbart ist, auf den Unternehmer über, wenn .....“). Der Inhalt dieser Vereinbarung ist in dem folgenden Satz 2 des Art. 6 Abs. 1 des Dekretes enthalten:

> „Ein Vertrag mit dem Eigentümer des Unternehmens über den Verzicht auf das Recht auf die künftige Erfindung ist unwirksam, wenn die Gewinnung der Erfindung nicht in den Bereich der Dienstverpflichtungen des Erfinders fällt.....“

Auf diese Weise entspricht diese Vereinbarung, deren Vorhandensein das Gesetz zum Uebergang der Erfindungen auf das Unternehmen verlangt, der schriftlichen Formulierung der Verbindlichkeiten, die im Moment a) enthalten sind. Der Art. 6 war eine der streitigsten Bestimmungen, wobei der Streit um die Worte „und“ bezw. „oder“ ging. Die erste Fassung lautete dahin, daß die Erfindung „auf den Eigentümer des Unternehmens übergeht, wenn die Tätigkeit des Erfinders auf Grund seiner Dienstverpflichtungen und auf Grund einer besonderen Vereinbarung auf ...... gerichtet sein muß“. In der Kommission für staatliche Planwirtschaft siegte die Richtung, die anstelle von „und“ das Wort „oder“ setzen wollte. Hierbei wurde im Eifer des Gefechts von den Parteien übersehen, daß es bei Vorhandensein der Voraussetzungen des Satz 2 des Art. 6 Abs. 1 des Dekretes für die Bestimmung wenig ausmacht, ob anstelle von „und“ das Wort „oder“ gesetzt wird; da nämlich keine Vereinbarung bezüglich des Ueberganges der Erfindungen auf das Unternehmen gültig ist, wenn die Gewinnung solcher nicht in den Bereich der Dienstverpflichtungen fällt, so liegt das ganze Schwergewicht auf der Umschreibung und Konkretisierung der „Dienstobliegenheiten“ sowohl bei „und“ wie bei „oder“. Der Unterschied besteht darin, daß bei „und“ eine besondere Vereinbarung erfordert wird, während bei „oder“ der Uebergang auch bei einem stillschweigenden übereinstimmenden Willen der Parteien in dieser Richtung zustande kommt und aus der Auslegung des Anstellungsvertrages gefolgert werden könnte. Dies ändert jedoch tatsächlich wenig am Sinne der Bestimmung für diejenigen wissenschaftlichen Forschungsinstitute, die an der Erlangung von Patenten interessiert sind, und die Spezialisten zu Forschungs- und Erfindungszwecken beschäftigen. Es ist jedoch recht empfehlenswert, den Anstellungsvertrag unter Konkretisierung der Aufgaben in ihm selbst oder in besonderen Instruktionen (auf die im Vertrage Bezug genommen wird) abzufassen, damit das Patent danach übergeht. Die endgültige Fassung des Artikels verlangt die Abfassung eines schriftlichen Vertrages; dieser kann in den Text des Anstellungsvertrages als Teil desselben aufgenommen oder auch besonders abgeschlossen werden.

Leider hat unser Gesetz die Verpflichtung zur Entlohnung des Angestellten für die auf das Unternehmen übergegangene Erfindung unabhängig von seiner regelmäßigen Vergütung aus dem Dienstvertrage außer Betracht gelassen. Eine solche Verbindlichkeit begründet sowohl das österreichische Recht wie auch der deutsche Gesetzentwurf (Art. 10). Im Eifer des Streites wurde das Moment der pflichtmäßigen Entlohnung des Angestellten für seine Erfindung durch eine der österreichischen analoge Bestimmung übersehen („Verträge, durch welche einem Angestellten der angemessene Nutzen aus der von ihm im Dienste gemachten Erfindung entzogen werden soll, haben keine rechtliche Wirkung"). Diese Lücke muß von der Praxis ausgefüllt werden, wozu man von dem Geist des Art. 6 ausgehen muß, aus dem sich ergibt, daß das Dekret den Schutz der Erfinderinteressen des Arbeiters und Angestellten bezweckt; die Tatsache der Verweigerung einer besonderen Vergütung gegenüber dem angestellten Erfinder erscheint als himmelschreiende Ungerechtigkeit, die sogar verschiedene Gesetzesbestimmungen kapitalistischer Staaten bekämpfen. Die Praxis muß die Bestimmung des Art. 6 des Dekretes über die Unerläßlichkeit einer schriftlichen Vereinbarung über die vorliegende Frage nicht nur in formeller, sondern auch in materieller Beziehung durch Auslegung ergänzen, d. h. sie muß die Verbindlichkeit zur Vergütung für die zu gewinnende Erfindung feststellen; die Versagung einer solchen Vergütung gilt als unwirksam, und das Recht des Geschädigten kann im Wege gerichtlicher Klage festgestellt werden.

Analog dem geltenden deutschen Recht (der Praxis) und dem deutschen Gesetzentwurf (Art. 3) führt unser Dekret den Begriff der Etablissementserfindung ein:

> „Wenn die Erfindung in einem Unternehmen oder einer Organisation gemacht ist und nicht bestimmten Personen als ihren Urhebern zugeschrieben werden kann, so steht das Recht auf das Patent dem Unternehmen oder der Organisation zu" (Art. 3 Abs. 1 Satz 2).

Die vorstehende Bestimmung muß in sehr beschränktem Sinne

ausgelegt werden. Als allgemeine Vermutung muß angenommen werden, daß die Urheberschaft oder Miturheberschaft bei sorgfältiger Prüfung der Frage ermittelt werden kann; oft ist freilich eine solche Prüfung mit Schwierigkeiten verbunden, aber diese Schwierigkeit kann nicht durch die Feststellung der Unmöglichkeit umgangen werden.

Es fällt nicht unter den Begriff der Etablissementserfindung derjenige Fall, daß bei der Schöpfung der Erfindung eine Mehrzahl von Personen in der Weise beteiligt ist, daß der Anteil eines jeden an der Arbeit nicht genau festgestellt werden kann (abweichend von dem Standpunkte der Erläuterung zu dem deutschen Gesetzentwurf von 1913); in einem solchen Falle haben wir eine Miturheberschaft, bei der die Gleichheit der Anteile in Ermangelung eines Beweises für das Gegenteil vermutet wird.

Die Tatsache des Vorhandenseins einer Etablissementserfindung wird durch eine besondere Erklärung des Anmelders festgestellt; im Streitfalle wird die Tatsache durch den Betriebsrat oder in Ermangelung eines solchen durch andere Beweise bestätigt.

Abgesehen von dem letzteren Fall hat der Arbeiter und Angestellte das Recht auf die Erfinderehre, das heißt darauf, daß sein Name als des Urhebers der Erfindung in dem für seine Erfindung erteilten Patent erwähnt wird (Art. 7). Ebenso muß der Name des Urhebers in den Veröffentlichungen des Komitees für Erfindungsangelegenheiten angegeben werden (Art. 3 Abs. 2, Art. 37 und 41).

§ 5. **Persönliche Rechte.**

Was die persönlichen Rechte des Erfinders betrifft, so schützt unser Dekret, wie bereits hervorgehoben, durchaus sein Recht auf die sogenannte „Erfinderehre", d. h. das Recht auf Erwähnung in dem Patent und den Veröffentlichungen des Komitees als Urheber der betreffenden Erfindung. Dieses Recht steht auch dem in einem fremden Unternehmen arbeitenden angestellten Erfinder in demjenigen Falle zu, wo nach Art. 6 des Dekretes das Recht auf das Patent auf das Unternehmen übergeht. Die Erfinderehre kann im Wege der Klage gewahrt werden. „Wenn das Patent auf den Namen eines Rechtsnachfolgers ohne Angabe des Namens des wirklichen Erfinders erteilt wurde, so behält der letztere das Recht zu verlangen, daß sein Name als des wirklichen Erfinders von dem Komitee für Erfindungsangelegenheiten veröffentlicht wird" (Art. 7 Abs. 2). Die Erfinderehre kann auch solchen Personen gewährt werden, die bei der Ausgestaltung der Erfindung durch Leistung wesentlich unentbehrlicher technischer Hilfe mitgewirkt haben (Art. 4 Abs. 4). Die Voraussetzungen für die Verwirklichung dieses Rechtes sind bereits oben behandelt worden.

§ 6. **Ausschlußrechte des Patentinhabers.**

Das Patent gewährt seinem Inhaber einen bestimmten Kreis von Ausschlußrechten. Die konkrete Umschreibung des Kreises der Monopolrechte des Patentinhabers in Bezug auf die Erfindung gibt Art. 9 des Dekretes, der folgendermaßen lautet:

„Der Patentinhaber hat das ausschließliche Recht, die ihm gehörige Erfindung im Gebiet der USSR gewerblich zu verwerten, und zwar insbesondere sie herzustellen, zu verkaufen, in den Verkehr zu bringen oder überhaupt den Gegenstand der Erfindung zu gewerblichen Zwecken zu verwerten. Die Wirkung eines Verfahrenspatentes erstreckt sich auch auf alle Erzeugnisse, die unmittelbar durch dieses Verfahren erhalten worden sind".

Die Monopolsphäre des Patentinhabers erscheint auf diese Weise als eine gewerbliche Sphäre; jede Benutzung der Erfindung zu persönlichen Zwecken, jedoch nicht in gewerblicher Form, gilt nicht als Nachahmung. Das Gewinnen des Vorteiles spielt hierbei keine Rolle. Die Abgrenzung zwischen der privaten und der gewerblichen Sphäre liegt auf der Fläche der gegenseitigen Berührung mit einer unbestimmten Menge dritter Personen. Der Berechtigte kann seine Rechte schon vom Augenblick der Erteilung des Anmeldezeugnisses an verwirklichen; ohne sein Recht auf das Patent zu verlieren, kann er „Mitteilungen und Veröffentlichungen über seine Erfindung machen, öffentliche Versuche mit derselben anstellen, sie zur Ausführung bringen sowie seine Rechte auf die Erteilung eines Patentes abtreten" (Art. 34 Abs. 2).

Die Veräußerung des Patents kann sowohl im ganzen Umfange wie auch mit Begrenzung ihrer Wirkung stattfinden: „Er (der Patentinhaber) kann auf Grund seines Patentes eine Lizenz (Erlaubnis) zur Benutzung des Patentes in einer bestimmten Richtung erteilen" (Art. 10 Satz 2). Die beschränkte Veräußerung kann eine volle Lizenz enthalten, bei der dem Lizenzberechtigten eine ausschließliche Lizenz erteilt und der Lizenzgeber verpflichtet wird, in Zukunft nicht die gleichen Handlungen vorzunehmen. Außerdem können verschiedene Arten von Lizenzen erteilt werden.

Eine Lizenz ist einfach, wenn dem Lizenznehmer gestattet wird, in der einen oder anderen Richtung bestimmte Handlungen vorzunehmen; eine solche Lizenz kann begrenzt sein:

a) in räumlicher Beziehung, wenn sie auf ein bestimmtes Ausübungsgebiet (ein Gouvernement, einen Kreis, eine Unionsrepublik und dergleichen) beschränkt ist;
b) in zeitlicher Beziehung — auf eine bestimmte Anzahl von Jahren oder auf die ganze Wirkungsdauer des Patentes;
c) in quantitativer Beziehung — bei Erteilung der Erlaubnis, jährlich eine bestimmte Menge des Produkts, eine bestimmte Anzahl Maschinen usw. zu erzeugen.

Die Lizenz kann auch ausschließlich sein, wenn dem Lizenznehmer eine einfache Lizenz mit der Verbindlichket des Lizenzgebers erteilt wird, keine anderen gleichen Lizenzen zu vergeben. Die Lizenz kann eine freiwillige, durch Vereinbarung der Parteien zustandegekommene oder eine Zwangslizenz sein, die durch einen Zwang gegen den Willen des Lizenzgebers gekennzeichnet ist. Die letztere werden wir weiter unten behandeln; nach ihrem Inhalt unterscheidet sie sich in keiner Beziehung von der freiwilligen Lizenz. Der Umfang der dem Lizenznehmer gewährten Rechte wird durch den Vertrag bestimmt, wenn es sich um eine Zwangslizenz handelt. Jede Ueberschreitung der Grenzen des dem Lizenznehmer eingeräumten Rechtsgebietes ist eine Nachahmung.

Das Patent und die Lizenzen gehen durch Erbfolge über; nach der Anmerkung zu Absatz d des Art. 20 des Dekrets „bringt der Tod des Patentinhabers oder Lizenzberechtigten die Wirkung des Patents oder der Lizenz nicht zum Erlöschen, und alle Rechte auf Grund derselben werden von ihren Rechtsnachfolgern während der Wirkungsdauer des Patents oder der Lizenz ausgeübt.“ In Bezug auf Patente erklärt Art. 10, daß „das Patent nicht in die Erbmasse fällt“, d. h. die gesetzliche Beschränkung der Erbschaften auf 10 000 Rubel Gold, die durch Art. 416 des bürgerlichen Gesetzbuches ausgesprochen ist, gilt nicht für das Patent. Aus dieser Bestimmung des Art. 10 des Dekretes in Verbindung mit der erwähnten Anmerkung zu Art. 20 ergibt sich, daß auch die Lizenz nicht unter die gesetzliche Beschränkung der Erbmasse fällt.

Der Eingriff in das Gebiet der ausschließlichen Rechte des Patentinhabers ist ein strafrechtlichers Delikt. Art. 23 des Dekrets bestimmt: „Die Verletzung der Rechte des Erfinders sowie der Rechte der Patentinhaber wird im Wege des Strafverfahrens verfolgt. Die Verantwortlichkeit für den Vermögenschaden bestimmt sich nach dem bürgerlichen Gesetzbuch der betreffenden Republiken." Bis zur Einführung eines für die ganze Sowjet-Union gültigen Gesetzbuchs haben die einzelnen Teilgebiete (die RSFSR, die Ukraine, Transkaukasien) ihre eigenen Gesetzbücher. Wir stützen uns bei unseren Ausführungen auf die Gesetzbücher der RSFSR. Art. 198 des Strafgesetzbuches bestraft „die eigenmächtige Benutzung eines fremden Patents oder Privilegs, das in vorgeschriebener Weise eingetragen ist, zu gewinnsüchtigen Zwecken" ......, d. h. durch unser Strafgesetzbuch werden die Rechte der Inhaber von Schutzzeugnissen geschützt, soweit darauf die Erteilung des Patents folgt, und die Rechte der Patentinhaber seit ihrer Veröffentlichung (Art. 17 Abs. 1). Die Erfindung als solche wird von unserem Strafgesetzbuch nur im Falle der Patentierung geschützt; Fabrikationsgeheimnisse werden nicht geschützt. Zur Erhebung einer Klage sind durch unser Gesetz auch die Lizenznehmer ermächtigt: „Personen, die eine Lizenz an dem Patent erworben haben, haben gleichfalls das selbständige Recht zur Klage wegen Patentverletzung, wenn in dem Lizenzvertrag nichts anderes verabredet ist." Ersichtlich bezieht sich das Wort „Klage" sowohl auf die Einleitung einer Strafverfolgung wie auf diejenige einer Zivilklage.

Das Patent wird auf eine Dauer von 15 Jahren seit seiner Veröffentlichung durch das Komitee für Erfindungsangelegenheiten erteilt, mit Rückwirkung auf den Zeitraum von der Erteilung des Anmeldezeugnisses bis zum Tage der Veröffentlichung des Patentes. „Falls im Verlaufe dieser Frist (ersichtlich der 15-jährigen, nicht des Zeitraumes seit Erteilung des Anmeldezeugnisses) unüberwindliche Hindernisse der Ausführung des Patentes entgegentreten, kann das Komitee für Erfindungsangelegenheiten auf ein entsprechendes Gesuch des Patentinhabers und nach Beibringung gehöriger Beweise durch ihn die Wirkungsdauer des Patents entsprechend verlängern, jedoch nicht länger als um 5 Jahre, worüber eine besondere Veröffentlichung erfolgt (Art. 17).

§ 7. Erfindungen von besonderer Bedeutung für den Staat.

Nach dem Vorgang ausländischer Gesetzgebungen unterscheidet auch unser Recht Erfindungen, die eine besondere Bedeutung für den Staat haben. Art. 15 Abs. 1 des Dekrets bestimmt: „Das Patent auf eine Erfindung, die sich auf die Landesverteidigung bezieht oder eine besonders wichtige Bedeutung für das Land hat, kann in Ermangelung einer freiwilligen Einigung zugunsten des Staates durch eine, in jedem einzelnen Falle besonders zu erlassende Anordnung des Rates für Arbeit und Verteidigung zwangsweise enteignet werden.“ Der Enteignung kann nicht nur das Patent, sondern auch die Erfindung vom Augenblicke ihrer Anmeldung an unterworfen werden; dies ist der Sinn der Anmerkung 1 Satz 1 zu Art. 15, wonach „das Komitee für Erfindungsangelegenheiten dem militärischen Revolutionsrat (Oberste militärische Behörde in Rußland) von jeder bei ihm eingehenden Anmeldung einer Erfindung, die sich auf die Landesverteidigung bezieht, Mitteilung macht“ (ebenso die Bestimmung in § 2 der Regeln über die Enteignung). Durch eine Vereinbarung des Präsidiums des Obersten Volkswirtschaftsrats mit dem militärischen Revolutionsrat der Republik wird die Art der Mitwirkung des militärischen Revolutionsrates bei den Arbeiten des Komitees in Bezug auf die Auswahl der Erfindungen festgesetzt, die das Gebiet der Landesverteidigung betreffen (Anmerkung 3 zu Art. 15). Unter einer „besonders wichtigen Bedeutung“ ist nicht die Wichtigkeit für staatliche oder wirtschaftliche Organe zu verstehen (von ihnen ist die Rede im zweiten Absatz des Artikels), sondern die Geeignetheit für das allgemeine Wohl sowie zur Linderung von Volksnotständen und zum Kampfe gegen sie, wie zum Beispiel bei Epidemien, Mißwuchs, Ueberschwemmungen und dergleichen. Die Frage der Enteignung von militärischen Erfindungen wird gemäß Art. 15 Abs. 2 vom militärischen Revolutionsrat dem Rat für Arbeit und Verteidigung unterbreitet; analog wird die Frage der Enteignung von Erfindungen, die eine besonders wichtige Bedeutung haben, von dem betreffenden Volkskommissariat an den Rat für Arbeit und Verteidigung gebracht.

Ueber Erfindungen, die sich auf die Landesverteidigung beziehen, bestimmt Anmerkung 2 zu Art. 15: „Die Veräußerung von Erfindungen, die sich auf die Landesverteidigung beziehen, ins Ausland wird jeweils nur auf Grund einer besonderen Entscheidung des militärischen Revolutionsrats zugelassen“. Ersichtlich bezieht sich diese Bestimmung auf Anmeldungen von Personen, die ständig im Gebiet der USSR leben (ohne Unterschied, ob sie Bürger der USSR oder Ausländer sind, die ihren Wohnsitz im Gebiet der USSR haben). Sie gilt nicht für Erfindungen, deren Urheber ihren ständigen Aufenthalt im Auslande haben, selbst wenn sie vorübergehend in das Gebiet der USSR zur Patentierung ihrer Erfindungen, die sich auf die Landesverteidigung beziehen, gereist sind; die entgegengesetzte Auslegung würde dazu führen, daß die Ausländer von der Anmeldung ihrer einschlägigen Erfindungen bei uns abgehalten würden, die für den Schutz der Republik nötig sind. Die in diesem Satz enthaltene Beschränkung bezieht sich ausschließlich auf Erfindungen, die die Landesverteidigung betreffen, und kann nicht im Wege der Auslegung auf Erfindungen ausgedehnt werden, die eine besonders wichtige Bedeutung für das Land haben. Die letzteren können infolge ihres friedlichen Charakters auch im Auslande ohne eine besondere Erlaubnis hierzu benutzt werden, wenn sie bei uns zugunsten der Republik enteignet sind und in der Verfügung über die Enteignung nichts Gegenteiliges bestimmt ist.

Im Gegensatz zu den erwähnten Erfindungen, die der Enteignung unterliegen, sind Erfindungen, die nur eine wirtschaftliche Bedeutung haben, Beschränkungen im Sinne der Erteilung einer Zwangslizenz zugunsten staatlicher Anstalten und Unternehmungen unterworfen, soweit deren Bedarf zur Zeit der Begründung der Lizenz reicht (Art. 15 Abs. 2). Aus dieser Bestimmung in Verbindung mit der Anmerkung zu Art. 10 des Dekrets („Das Verfahren beim Erwerb von Patenten durch staatliche Anstalten und Unternehmungen auf Grund von freiwilligen Vereinbarungen mit dem Patentinhaber wird durch eine besondere Instruktion bestimmt, die vom Obersten Volkswirtschaftsrat ausgearbeitet und vom Rat für Arbeit und Verteidigung bestätigt wird"), ebenso aus analoger Heranziehung von Abs. 1 des gleichen Artikels ergibt sich, daß vor der Klage auf Begründung einer Zwangslizenz die betreffende Anstalt oder das Unternehmen unbedingt Schritte zwecks gütlicher Einigung mit dem Patentinhaber zu tun hat. Nur wenn eine gütliche Einigung nicht erreicht wurde, ist die erwähnte Klage zulässig (vgl. auch § 1 Abs. 1 der Regeln über die Enteignung).

In der Anlage zu Art. 15 sind „Regeln über das Verfahren zur Zwangsenteignung von Erfindungen" aufgestellt (Anlage 1 des Dekrets über Erfindungspatente). Nach diesen Regeln kann die Enteignung sowohl diejenigen Erfindungen betreffen, für die schon Patente erteilt sind, wie auch diejenigen, für die dem Erfinder oder seinem Rechtsnachfolger ein Schutz- oder Anmeldezeugnis erteilt ist (§ 2 der Regeln). Die Zwangsenteignung eines Patentes ist nur in den Fällen zulässig, wo zwischen der Regierung der USSR und dem Patentinhaber keine gütliche Einigung über die Veräußerung des Patentes zustande kommen konnte (§ 1 Abs. 1). Die Enteignung kann sowohl eine vollständige wie eine teilweise sein, d. h. einen Teil der Erfindung oder einen Teil der

Gültigkeitsdauer des Patents oder einzelne aus dem Patent fliessende Rechte betreffen (§ 1 Abs. 2). Von dem zuständigen Volkskommissariat der USSR oder den Wirtschaftsräten der Unionsrepubliken wird ein Vorschlag für den Enteignungsbeschluß ausgearbeitet, der alle Bedingungen dieser Enteignung, darunter auch die Frage der Entschädigung, regelt; dieser Vorschlag gelangt vor allem zur Prüfung durch die besondere Kommission beim Komitee für Erfindungsangelegenheiten (§ 6 Abs. 1). Diese besondere Kommission wird für jede konkrete Angelegenheit ad hoc gebildet und besteht aus Vertretern des Komitees für Erfindungsangelegenheiten, des Volkskommissariats für Finanzen der USSR und der beteiligten Volkskommissariate und Behörden; den Vorsitz führt der Vertreter des Komitees für Erfindungsangelegenheiten. Die besondere Kommission wird vom Präsidenten des Komitees für Erfindungsangelegenheiten jedesmal berufen, wenn der Vorschlag des Beschlusses über die Enteignung einer bestimmten Erfindung eingeht (§ 7). Der Inhaber des zu enteignenden Patentes kann gegenüber der besonderen Kommission mündliche und schriftliche Erklärungen, persönlich oder durch Beauftragte abgeben (§ 8). Die besondere Kommission hat das Recht, in geeigneten Fällen alle erforderlichen Informationen einzuholen, die das zu enteignende Patent betreffen, und Sachverständige zur Aufklärung spezieller Fragen beizuladen (§ 9). Die besondere Kommission erläßt über die Angelegenheit eine vollständige begründete Entscheidung, die auszugsweise dem Patentinhaber mitgeteilt wird (in diesem Auszug werden solche Erwägungen, die der Geheimhaltung unterliegen, nicht angegeben; § 10). Der Patentinhaber kann in einer Frist von 2 Wochen seit der Eröffnung der Entscheidung der Kommission an ihn bei dieser Kommission einen begründeten Widerspruch erheben (§ 11). Nach Ablauf der erwähnten Frist gelangt der Vorschlag mit allen Unterlagen von der besonderen Kommission an das zuständige Volkskommissariat oder den Wirtschaftsrat, der den Vorschlag zusammen mit der Entscheidung der Kommission und dem Widerspruch des Patentinhabers, wenn ein solcher eingegangen ist (§ 6 Abs. 2), an den Rat für Arbeit und Verteidigung leitet. Die Zwangsenteignung des Patents wird in jedem einzelnen Falle durch eine besondere Entscheidung des Rates für Arbeit und Verteidigung angeordnet. Diese Entscheidung ist endgültig (§ 5). Das beteiligte Volkskommissariat oder der Wirtschaftsrat der Unionsrepublik kann in besonders wichtigen Fällen beim Rat für Arbeit und Verteidigung den Antrag auf Erteilung der Erlaubnis zur sofortigen Benutzung der der Enteignung unterliegenden Erfindung stellen. Wenn in der Folge der Enteignungsantrag von dem Rat für Arbeit und Verteidigung abgelehnt wird, so wird die Benutzung der Erfindung eingestellt und dem Patentinhaber eine Entschädigung für die Zeit der Benutzung seines Patents auf Grund einer billigen Abschätzung gewährt, die von dem Rat für Arbeit und Verteidigung gleichzeitig mit der Ablehnung des Antrages auf Enteignung des Patentes vorgenommen wird (§ 6 der Anmerkung).

Die billige Abschätzung, die von dem Rat für Arbeit und Verteidigung wie in diesem Falle so auch im gewöhnlichen Verfahren über Patententeignung vorgenommen wird, stützt sich auf die Berechnung derjenigen Vorteile, die der Patentinhaber aus der Verwertung der Erfindung hätte ziehen können (§ 3). Die Vergütung wird dem Inhaber der zu enteignenden Erfindung (dem Patentinhaber oder dem Inhaber eines Anmeldezeugnisses) zuerkannt. „Die Ansprüche dritter Personen auf Vergütung für Schäden und Verluste, die ihnen aus der Zwangsenteignung des Patentes entstehen, sind gegen den ehemaligen Patentinhaber geltend zu machen“ (§ 4 der Regeln über Enteignung).

„Die Begründung einer Lizenz im Zwangswege zugunsten staatlicher Unternehmungen und Anstalten erfolgt im gleichen Verfahren, wie die Zwangsenteignung des Patents“ § 12 der Regeln). Die Erteilung von Zwangslizenzen an Organisationen, Kooperativen und Privatunternehmungen sowie Einzelfirmen erfolgt nicht auf Grund von Artikel 15, sondern von Art. 18 des Dekrets, darüber weiter unten. Zu dieser letzteren Art der Erteilung einer Zwangslizenz können auch staatliche Unternehmungen und Anstalten ihre Zuflucht nehmen, soweit dies für sie empfehlenswert erscheint.

§ 8. **Ausführungszwang.**

„Der Patentinhaber ist verpflichtet, seine Erfindung im Gebiete der USSR persönlich oder durch Erteilung von Lizenzen (Art. 10) auszuführen“ (Art. 18 Abs. 1). Im letzteren Falle geht die Verpflichtung zur Ausführung auf den Lizenzinhaber über. „Die Erfindung gilt als ausgeführt im Gebiete der USSR, wenn ihr Gegenstand binnen 5 Jahren seit dem Augenblick der Patenterteilung im Gebiete der USSR in einer Form hergestellt ist, die eine gewerbliche Verwertung zuläßt“ (§ 18 Abs. 2).

Der Begriff der „Ausführung der Erfindung“, dieser Grundverpflichtung des Patentinhabers, wird in den einzelnen Ländern verschieden aufgefaßt. So versteht das belgische Recht unter diesem Begriff „die Verbinlichkeit des Patentinhabers, der das Ausland mit Arbeit versorgt, ebenso ernsthaft, wirksam und dauernd die Erfindung auch in Belgien auszuführen. Wenn es sich um eine Maschine oder ein Werkzeug handelt, so muß der Erfinder die Ausführung im Inlande in einem Umfange betreiben, der die Nachfrage nach ihnen befriedigt; wenn als Erfindung ein gewerbliches Erzeugnis erscheint, so muß sie in Belgien ausgeführt werden, wobei ihre Herstellung einen wirklich gewerblichen Charakter tragen muß“ (Zirkularverfügung vom 30. Juni 1854). Das österreichische Recht verlangt die Ausführung der Erfindung im Inlande „in angemessenem Umfange“ (Art. 27). Das ungarische Gesetz spricht von der Ausführung in „hinreichendem Maße“. Die Strafe für die Nichtausführung der Erfindung ist in den erwähnten Ländern die Zurücknahme des Patents. Die Pflicht zur Gewährung einer Zwangslizenz tritt nach dem schwedischen Gesetz in dem Falle ein, wenn die Erfindung nicht in dem Umfange ausgeführt wird, der dem Bedarf des Landes entspricht (Art. 15). Das finnländische Gesetz spricht in diesem Falle von dem „gehörigen Umfang“ und dergleichen. Das neue englische Gesetz vom Jahre 1919 legt eine sehr starke Bresche in die Monopolrechte des Erfinders, indem es im Interesse der Entwicklung der Industrie dritten Personen verhältnismäßig leicht das Recht zur Erlangung einer Zwangslizenz gewährt. Unser Gesetz verlangt mit Rücksicht auf den Stand unserer Industrie nicht, daß der gesamte äußere Bedarf durch eine Produktion auf dem Gebiete der USSR gedeckt wird. Nach unserem Gesetz wird die Einfuhr der patentierten Erzeugnisse zugelassen, falls gleichzeitig die Ausführung der Erfindung in produktiver Art (nicht zu Schau- oder Versuchszwecken) im Gebiet der USSR erfolgt. Nicht ausreichend ist die Herstellung eines Exemplars des Gegenstandes der Erfindung, wie dies angesichts des vorrevolutionären Gesetzes vom Jahre 1896 stattfand.

Falls der Patentinhaber nicht selbst oder durch dritte Personen (Lizenznehmer) die Erfindung in dem angegebenen Umfange ausgeführt hat, so läuft er die Gefahr der Erteilung einer Zwangslizenz (Art. 18 Abs. 2). Wie oben bemerkt, können auch staatliche Anstalten und Unternehmungen zu dem hier behandelten allgemeinen Mittel zur Erlangung einer Zwangslizenz greifen, wenn die im Dekret vorgesehenen materiellen Voraussetzungen hierfür vorliegen. Art. 18 spricht von der Pflicht zur „Ausführung", d. h. die Ausbeutung der Erfindung muß ununterbrochen stattfinden. Das Gesetz bestimmt keine Frist, während deren die Unterbrechung der Ausführung zugelassen wird; diese Frist muß von der Praxis festgesetzt werden; denn sonst kann die erwähnte Pflicht des Patentinhabers umgangen und inhaltslos gemacht werden. Nach unserer Meinung muß diese Frist 3 Jahre betragen, und die Strafe der Verletzung muß die gleiche sein wie für die Nichtausführung.

Subjekt der Klage auf Erteilung einer Zwangslizenz oder Zurücknahme des Patentes kann jede beteiligte Person oder Anstalt sein. Das Wort „beteiligt" muß im weitesten Sinne aufgefaßt werden. Eine Anstalt oder Person ist nicht nur dann beteiligt, wenn sie die Lizenz für sich zu erhalten wünscht, sondern auch dann, wenn sie sich im allgemeinen Interesse um die Vernichtung eines Patentes, das absichtlich nicht ausgeführt wird, bemüht. Zur Anstrengung einer solchen Klage auf Zurücknahme sind sowohl das Komitee für Erfindungsangelegenheiten wie auch andere staatliche und gesellschaftliche Verbände und Unternehmungen wie auch Privatpersonen befugt.

Das Interesse ist vom Kläger nachzuweisen.

Wer die Verleihung einer Lizenz beansprucht, muß in wirtschaftlicher und technischer Beziehung vollauf zur Ausführung der Erfindung im Stande sein.

Es erhebt sich die Frage, ob die Klage auf Erteilung einer Zwangslizenz auch im Falle abhängiger Erfindungen erhoben werden kann. Wie wir oben gesehen haben, können der Inhaber des ersten Patentes einerseits, und derjenige, der ein Patent zur Verbesserung oder Abänderung der ersten Erfindung erhalten hat, andererseits diese Abänderung oder Verbesserung nur auf Grund gegenseitiger Vereinbarung benutzen (Art. 14 des Dekretes). In Ermangelung einer solchen Vereinbarung können die Abänderungen und Vervollkommnungen des Stammpatentes nicht ausgeführt werden, bei Vermeidung der strafrechtlichen Verantwortlichkeit wegen Nachahmung auf Grund von Art. 198 des Strafgesetzbuches. Angesichts des zwingenden Erfordernisses der Ausführung der Erfindung gemäß Art. 18 des Dekretes zur Vermeidung der Entziehung des Patentes oder Erteilung einer Zwangslizenz bleibt für die Inhaber von Patenten für abhängige Erfindungen bei Unmöglichkeit einer Einigung nur der Weg, durch eine Klage die Möglichkeit zur Ausführung der Erfindung zu erzwingen. Das Recht auf eine Lizenz steht sowohl dem Inhaber der alten, wie demjenigen der neuen Erfindung zu. Es besteht kein Grund, in diesem Falle die Frist für die Erhebung der Klage erst mit dem Ablaufe der 5jährigen Ausführungsfrist beginnen zu lassen, da in diesem Falle jeder der Berechtigten der Strafe des Gesetzes unterliegen würde. Eine solche Klage kann vielmehr bei abhängigen Erfindungen jederzeit nach Feststellung der Unmöglichkeit einer Vereinbarung über die Benutzung der Vervollkommnungen und Abänderungen der Stammerfindung eingereicht werden.

Das Gesuch um Erteilung einer Zwangslizenz wird bei dem Komitee für Erfindungsangelegenheiten eingereicht, das eine Entscheidung über den konkreten Fall unter Berücksichtigung des Vorhandenseins der gesetzlichen Gründe für die Erteilung der Lizenz erläßt. Kann die Entscheidung des Komitees für Erfindungsangelegenheiten beim Gericht angefochten werden? Hierauf finden wir keine bestimmte Antwort im Gesetz. Die Tätigkeit des Gerichts ist im vorliegenden Falle begrenzt

1. durch die Vorschrift, daß die Vergütung für die Lizenz vom Gericht festgesetzt wird und
2. durch die Bestimmung des Art. 18 Abs. 3 Satz 2, die folgendermaßen lautet:

   „Wenn vor dem Gericht der Nachweis geführt wird, daß die Nichtausführung auf Vorsatz beruhte, so wird dem Patentinhaber das Patent durch gerichtliche Entscheidung entzogen."

Hieraus ergibt sich, daß die Frage der Zwangslizenz vor dem Gericht nicht nur in Bezug auf die Höhe der Vergütung, sondern auch in materieller Beziehung auftauchen kann; außerdem kann zusammen und gleichzeitig der Umstand der Vorsätzlichkeit im gewöhnlichen Prozeß über die Erteilung einer Lizenz erörtert werden. Dann besteht aber kein Grund, der beteiligten Partei die Anfechtung der Entscheidung des Komitees beim Gericht zu versagen, auch wenn keine vorsätzliche Nichtausführung vorliegt. Hierdurch wird eine bedeutende Garantie im Interesse der Entwickelung der Produktionskräfte des Landes geschaffen, zu deren Schutz und Ansporn auch der Art. 18 des Dekretes bestimmt ist. Zum gleichen Ergebnis führt auch die Anwendung des Art. 2 des BGB, da ja hier ein Streit über eine zivile Berechtigung vorliegt.

Wenn die Unterlassung der Ausführung auf Vorsatz beruht, so unterliegt nach der bereits angeführten Vorschrift des Art. 18

Abs. 3 Satz 2 das Patent der Rücknahme. Das gleiche gilt unseres Erachtens auch im Falle der vorsätzlichen Einstellung der weiteren Ausführung des Patentes während einer Frist von mehr als drei Jahren. Was ist eine vorsätzliche Unterlassung der Ausführung bezw. eine vorsätzliche Einstellung derselben, was kennzeichnet sie im Unterschiede von der gewöhnlichen unabsichtlichen Nichtausführung? Der Vorsatz ist die von der strengsten Verantwortlichkeit getroffene Form der Schuld, d. h. der Beziehung zwischen der Psyche des Täters und dem rechtswidrigen Erfolge. Der Begriff des Vorsatzes umfaßt nach der strafrechtlichen Theorie von Professor v. Liszt (Lehrbuch des Strafrechts 18. Aufl. § 28) folgende Vorstellungen:

a) die Vorstellung des Erfolges;

b) die Vorstellung des Kausalzusammenhanges zwischen der Tat und dem Erfolge.

Der Vorsatz ergreift die Handlung sowohl bei der Vorstellung der Notwendigkeit des Eintritts des Erfolges (direkter Vorsatz), wie auch bei der Vorstellung der Möglichkeit des Eintritts des Erfolges (Eventualvorsatz). In unserem Falle muß bei vorsätzlicher Nichtausführung der Erfindung auf Seiten des Schuldigen eine gewollte Untätigkeit in Bezug auf die Ausführung der Erfindung vorliegen, wobei er sich ein bestimmtes Verhalten und die Umstände, die dasselbe begleiten, vorstellen, den Erfolg voraussehen und den Kausalzusammenhang zwischen seiner Untätigkeit und dem Eintritt des Erfolges erkennen muß. Die vorsätzliche Nichtausführung unterscheidet sich sowohl von der fahrlässigen wie von der zufälligen. Als fahrlässige Nichtausführung erscheint diejenige, bei der der Täter sich nachlässig in Bezug auf seine Verpflichtung zur Ausführung der Erfindung verhält; er stellt sich zwar die Möglichkeit des Eintritts eines rechtswidrigen Erfolges (der Nichtausführung) als Folge seiner Untätigkeit vor, aber er nimmt selbstgewiß an, daß es ihm in der Folge gelingen wird, die Erfindung mit einem Schlage auszuführen (unbegründetes Selbstvertrauen); oder der Täter nimmt an, daß seine Arbeit gehörig fortschreiten wird, ohne daß er hierzu einen ausreichenden Grund hat, und daß schließlich seine Erfindung als ausgeführt erscheinen wird (Sorglosigkeit). Zufällig ist die Nichtausführung dann, wenn der Berechtigte sich bemüht hat, die Erfindung zu verwirklichen, wenn er hierzu auch alle erforderlichen Schritte getan hat, jedoch von seinem Willen unabhängige Umstände die Ausführung gehindert haben. Dem Berechtigten wird das Patent nur bei vorsätzlicher Nichtausführung entzogen. Als ein Grund für ein derartiges Verhalten ist der folgende denkbar: Der ausländische Patentinhaber führt seine Erfindung ausschließlich im Gebiet seines Heimatstaates aus und importiert sie in das Gebiet der USSR, anstatt sie dort auszuführen; seine Absicht ist auf die Nichtausführung der Erfindung in der USSR gerichtet, denn es ist für ihn vorteilhafter, sie bei seiner durch das Patent geschaffenen Monopolstellung in das Gebiet der USSR einzuführen. Die Interessen der staatlichen Industrie werden durch die oben erörterte Bestimmung des Art. 14 Abs. 4 geschützt, die der staatlichen Industrie der Republik die notwendigen Lizenzen unabhängig von dem Verhalten des Patentinhabers in Bezug auf die Ausführung der Erfindung gewährt.

§ 9. Gebühren.

In höchstem Maße originell ist unser Dekret in Bezug auf die Patentgebühren: Der Gesetzgeber stellt sich auf den Standpunkt, daß es ausschließlich auf die Anspornung der Tätigkeit des Erfinders ankommt, und bestimmt deshalb, daß die Gebühren erst vom Augenblick der Ausführung an erhoben werden, wobei auf Art. 18 des Dekretes verwiesen ist, d. h. vom Augenblick der Ausführung des Gegenstandes der Erfindung im Gebiet der USSR in einer Form, die eine gewerbliche Verwertung zuläßt (Art. 18 Abs. 2); bis zu diesem Zeitpunkte wird auch von einem vermögenden Erfinder weder eine Anmeldegebühr noch eine Patentgebühr erhoben. Unvermögenden Erfindern wird eine besondere Erleichterung gewährt: „Arbeiter und Angestellte, die nicht der Einkommensteuer unterliegen, und andere mittellose Erfinder haben das Recht auf Stundung oder ratenweise Zahlung der Gebühr binnen einer Frist, die von dem Komitee für Erfindungsangelegenheiten unter Berücksichtigung der Dauer des Patentes bestimmt wird“ (Art. 19 Abs. 1 Satz 2). Wer eine Lizenz an einem bestimmten Patent besitzt, kann die Gebühr für den Patentinhaber entrichten, wodurch er das Recht erlangt, von diesem die für ihn bezahlte Gebühr zurückzufordern (Art. 19 Abs. 3). Gemäß der Anmerkung zu Art. 19 hat der Patentinhaber das Komitee für Erfindungsangelegenheiten schriftlich vom Zeitpunkt der Ausführung der Erfindung in Kenntnis zu setzen; ein Rechtsnachteil für die Verletzung der erwähnten Verpflichtung ist in dem Dekret nicht angegeben; bei Vergleichung dieser Bestimmung mit Art. 20 Abs. b („Die Wirkung des Patentes erlischt ...... auf Beschluß des Komitees für Erfindungsangelegenheiten, falls die festgesetzte

Gebühr nicht fristmäßig entrichtet wird, soweit dieselbe nicht gestundet oder Ratenzahlung gestattet ist“) kann man folgern, daß bei vorsätzlicher Verheimlichung der Ausführung der Erfindung vor dem Komitee der Patentinhaber die Gebührenzahlung zu umgehen sucht, und folglich kann ihm durch ein Beschluß des Komitees das Patent entzogen werden, wenn die Vorsätzlichkeit seiner Handlungsweise nachgewiesen wird.

Dem Dekret sind Regeln über die Gebührenerhebung für Erfindungspatente beigefügt (Anlage II zu dem Dekret über Erfindungspatente). § 1 bestimmt:

> „Vom Augenblick der Ausführung der Erfindung (Art. 18 des Dekretes über Erfindungspatente) werden von dem Patentinhaber jährlich Gebühren in folgendem Umfange erhoben:
>
> Für das 1., 2. und 3. Jahr der Dauer des Patentes, vom Augenblick seiner Ausführung an je 5 Rubel; für das 4. Jahr werden erhoben 15 Rubel; für das 5. Jahr = 25 Rubel, für das 6. Jahr = 35 Rubel, für das 7. Jahr = 45 Rubel, für das 8. Jahr = 55 Rubel, für das 9. Jahr = 65 Rubel, für das 10. Jahr = 75 Rubel und für jedes weitere Jahr 15 Rubel mehr als für das vorhergehende.“

Die Gebührenzahlung richtet sich nach unserem Recht nicht nach der 15jährigen Geltungsdauer des Patentes vom Tage seiner Veröffentlichung an, sondern nach dem Augenblick seiner Ausführung. Wenn also ein Patent, sagen wir, am 15. 3. 1925 erteilt und am 20. Mai 1928 ausgeführt wird, so ist der Zeitpunkt für den Beginn der Gebührenzahlung der 20. Mai 1928, und das erste gebührenpflichtige Jahr der Zeitraum vom 20. Mai 1928 bis zum 20. Mai 1929 usw. Der Zeitraum zwischen dem 20. Mai 1939 und 15. März 1940 (dem Tage der Beendigung der Wirkung des Patentes) gilt, wenn der Inhaber sein Patent bestehen lassen will, für ein volles gebührenpflichtiges Jahr. Bei Erteilung eines Zusatzpatentes oder Verbesserungspatentes (Art. 12 und 14 des Dekretes) werden die Gebühren nach Ausführung des Stammpatentes einmalig in Höhe von 15 Rubeln erhoben. Falls das Zusatzpatent in ein selbständiges verwandelt wird (Art. 13 des Dekretes), bestimmen sich die Fristen und die Beträge der jährlichen Gebührenzahlungen auf allgemeiner Grundlage (§ 4 der Regeln). Die Gebühren werden für jedes Jahr der Wirksamkeit des Patentes vom Augenblick seiner Ausführung bezahlt (§ 2). Bei nicht rechtzeitiger Zahlung der Gebühr wird eine Strafgebühr in demjenigen Umfange erhoben, der durch die Verordnung über Erhebung von Steuern und Abgaben festgesetzt ist. Wenn der Verzug länger als drei Monate dauert, so geht das Recht auf das Patent verloren (§ 3). Das Verfahren bei Erhebung der Gebühr wird durch den Obersten Volkswirtschaftsrat der USSR im Einverständnis mit dem Volkskommissariat für Finanzen der USSR geregelt (§ 5).

§ 10. Erfindungsschutz auf Ausstellungen.

Angesichts der Wichtigkeit von Ausstellungen für die Industrie und die Rolle, die auf ihnen neue Erfindungen spielen, haben die Patentgesetze der verschiedenen Länder einen Schutz für die ausgestellten Erfindungen zu gewähren begonnen, und zwar in dem Sinne, daß die Ausstellung nicht neuheitsschädlich gegenüber der Erfindung wirkt. Auch unser Patentdekret enthält eine Bestimmung über diese Frage. Art. 22, der Erleichterungen in Bezug auf die Frage der Neuheit ausgestellter Erfindungen gewährt, findet keine Anwendung auf alle Ausstellungen, sondern nur auf solche, für die dies durch eine besondere Bekanntmachung der Regierung angeordnet ist. Das Wesen der Erleichterung besteht in folgendem:

„Den Urhebern von Erfindungen, deren Gegenstand auf einer Ausstellung im Gebiete der USSR ausgestellt ist und ihren Rechtsnachfolgern, kann durch eine besondere Verordnung des Rates der Volkskommissare oder des Rates für Arbeit und Verteidigung der USSR für jede Ausstellung — ungeachtet der Veröffentlichung, Bekanntgabe oder Anwendung der Erfindung, die aus der Darbietung des Gegenstandes der Erfindung auf der Ausstellung folgen könnte — das Recht zur Erlangung eines gültigen Patentes auf Grund einer Anmeldung eingeräumt werden, die in vorgeschriebener Form binnen 6 Monaten seit dem Tage der Eröffnung der Ausstellung eingereicht wird. Eine solche Anmeldung besitzt die Priorität vor anderen Anmeldungen, die beim Komitee für Erfindungsangelegenheiten nach demjenigen Tage eingereicht werden, von dem an der Gegenstand der Erfindung in dem Ausstellungsgebäude zur öffentlichen Besichtigung ausgestellt war.“ Aus Anlaß der ersten allrussischen landwirtschaftlichen Ausstellung und der Hausindustrieausstellung im Jahre 1923 in Moskau wurde eine dem Art. 22 des Dekretes entsprechende Anordung vom Rat für Arbeit und Verteidigung erlassen.

II.
Prozessuale Fragen.

Als staatliche Zentralbehörde der USSR, die zur Erteilung von Patenten wie auch von Zeugnissen über das ausschließliche Recht zur Benutzung von Modellen, Fabrikzeichnungen und Warenzeichen zuständig ist, erscheint das Komitee für Erfindungsangelegenheiten beim Obersten Volkswirtschaftsrat der USSR; das Komitee behandelt auch die Angelegenheiten, die die Wirksamkeit und das Erlöschen bestimmter Patente und Zeugnisse betreffen, soweit die Behandlung dieser Angelegenheit dem Komitee gesetzlich übertragen ist (Art. 24). Das Komitee ist unmittelbar dem Präsidium des Obersten Volkswirtschaftsrates der USSR unterstellt. An der Spitze des Komitees stehen: der Präsident und sein Stellvertreter, die vom Rat für Arbeit und Verteidigung auf Vorschlag des Präsidiums des Obersten Volkswirtschaftsrates bestellt werden. Die Mitglieder des Komitees werden vom Präsidium des Obersten Volkswirtschaftsrates auf Vorschlag des Vorsitzenden des Komitees aus den Personen mit entsprechender technischer und juristischer Vorbildung gewählt (Art. 25). Zur Bequemlichkeit für die Erfinder, die im Gebiete der einzelnen Republiken leben, ist es den Unions- und autonomen Republiken anheimgestellt, im Verbande der entsprechenden Volkswirtschaftsräte besondere Büros zur Entgegennahme von Anmeldungen auf Erfindungen einzurichten. Die Büros erteilen Bescheinigungen über den Empfang von Anmeldungen und sind verpflichtet, die von ihnen entgegengenommenen Anmeldungen binnen einer Frist von einer Woche seit ihrem Eingang an das Komitee für Erfindungsangelegenheiten zu übersenden, worauf die Anmeldezeugnisse für derartige Anmeldungen von dem Komitee für Erfindungsangelegenheiten nach den allgemeinen Vorschriften erteilt werden. Die gegenseitigen Beziehungen zwischen dem Komitee für Erfindungsangelegenheiten und den erwähnten Büros werden durch eine besondere, vom Obersten Volkswirtschaftsrat der USSR bestätigte

Instruktion bestimmt (Art. 26). Die Priorität der bei den Büros eingereichten Anmeldungen bestimmt sich nach dem Tage der Einreichung der Anmeldedokumente bei den Büros (Art. 31).

Die Anmeldung einer Erfindung zwecks Erlangung eines Patentes erfolgt bei dem Komitee für Erfindungsangelegenheiten durch Einreichung eines schriftlichen Gesuches, und zwar unter Beifügung von Dokumenten entsprechend einer besonderen, vom Komitee herausgegebenen und vom Präsidium des Obersten Volkswirtschaftsrates der USSR bestätigten Instruktion.

> „Die Anmeldung muß das besondere Gesuch um Erteilung eines Patentes und die genaue Bezeichnung des Gegenstandes der Erfindung enthalten, die der Erfinder unter Patentschutz zu stellen wünscht. In einer besonderen Anlage der Anmeldung muß die Erfindung in ihren wesentlichen Teilen so klar, deutlich und vollständig beschrieben werden, daß ihre Anwendung für jede Person möglich erscheint, die mit dem betreffenden gewerblichen Gebiet vertraut ist. Am Ende der Beschreibung müssen kurz, aber genau die wesentlichen Unterscheidungsmerkmale der Erfindung formuliert sein (Patentanspruch). Nötigenfalls muß die Beschreibung von besonders vorgelegten Zeichnungen usw. entsprechend der erwähnten Instruktion begleitet sein" (Art. 27).

Jede Anmeldung darf nur eine Erfindung betreffen. Eine Ausnahme wird für Erfindungen zugelassen, die nach Bedeutung und Inhalt verbunden sind, gleichfalls bei der gleichzeitigen Anmeldung mehrerer Varianten, die durch einen gemeinsamen Gedanken zusammengehalten werden. Wenn diese Voraussetzung nicht erfüllt ist, kann das Komitee verlangen, daß die ihm vorgelegte Beschreibung in einzelne Anmeldungen zerlegt wird, von denen in diesem Falle jede gemäß Art. 27 vervollständigt werden muß. Hierbei kann der Erfinder auf die besondere Patentierung des einen oder anderen Teils seines Patentanspruchs, die durch das Komitee voneinander abgesondert sind, verzichten; falls er mit der ergangenen Entscheidung nicht einverstanden ist, kann er auch die Nachprüfung der Angelegenheit durch das Komitee im Wege der Beschwerde verlangen. Die Priorität der in Kraft gebliebenen Anmeldungen bestimmt sich nach dem Tage der ursprünglichen Anmeldung, da sie aus dieser abgeleitet sind.

> „Als Tag, von dem an bedingungsweise die in dem Anmeldezeugnis vermerkte Priorität der Anmeldung rechnet, gilt der Tag des Eingangs der Anmeldung beim Komitee für

Erfindungsangelegenheiten oder beim Büro zur Entgegennahme von Anmeldungen (Art. 26).

Falls bei dem Komitee für Erfindungsangelegenheiten mehrere Anmeldungen für die gleiche Erfindung eingehen, gilt als Tag der Anmeldung, falls die gehörigen Beweise beigebracht werden, der Tag der Aufgabe der Anmeldung beim Postamt oder beim Büro zur Entgegennahme von Anmeldungen." (Art. 31).

Alle an das Komitee gelangenden Anmeldungen von Erfindungen gehen zunächst an das Vorprüfungsbüro des Komitees, wo sie „vor allem einer Vorprüfung unterworfen werden, durch die festgestellt wird, ob die Anmeldung den formellen Erfordernissen entspricht, und ob sie die Erfindung in der eingereichten Beschreibung und den Zeichnungen usw. hinreichend klarstellt. Im bejahenden Falle wird dem Anmelder ein Anmeldezeugnis erteilt.

Andernfalls wird dem Anmelder anheimgestellt, die Anmeldung binnen einer Frist von 3 Monaten entsprechend umzuarbeiten, zu erläutern oder in Ordnung zu bringen, wobei die Erteilung des Anmeldezeugnisses solange zurückgehalten wird, bis diese Forderung erfüllt ist. Bei fruchtlosem Ablauf der bestimmten Frist ohne einen wichtigen Grund geht die Priorität der Anmeldung verloren. Bei rechtzeitiger Beibringung gehöriger Beweise für die Unmöglichkeit der Einhaltung der Frist kann diese verlängert werden, jedoch höchstens um einen Monat." (Art. 32 Abs. 1 u. 2). „Wenn die Vorprüfung ergibt, daß der Gegenstand der Anmeldung ein fehlerhafter oder offensichtlich nicht zu verwirklichender Gedanke ist (z. B. ein perpetum mobile), so wird der Sache kein weiterer Fortgang gegeben und kein Anmeldezeugnis erteilt, worüber der Anmelder vom Komitee unter kurzem Hinweis auf die Fehlerhaftigkeit seines Gedankens unterrichtet wird." (Art. 33). Gegen diese Entscheidung kann der Anmelder beim Komitee Beschwerde einlegen. „Spätestens binnen 10 Tagen seit dem Eingang der Anmeldung beim Komitee ist dem Anmelder ein Anmeldezeugnis oder eine begründete Mitteilung über die Hindernisse für die Erteilung eines solchen zu übersenden" (Art. 32 Abs. 3.). „Ueber alle erteilten Ameldezeugnisse außer solchen über Erfindungen, die die Landesverteidigung betreffen und für geheim erklärt sind, erfolgen Veröffentlichungen in dem offiziellen Organ des Komitees für Erfindungsangelegenheiten" (Art. 34 Abs. 1).

Aus dem Vorprüfungsbüro gelangt die Anmeldung an das Büro des Komitees für die Prüfung der Neuheit, wo entsprechenden Sachverständigen die Prüfung der Erfindungen, für die Anmeldezeugnisse erteilt sind, in Bezug auf ihre Patentfähigkeit und Neuheit übertragen wird; die Sachverständigen prüfen „im Wege eines offiziellen Schriftwechsels mit den Erfindern und nötigenfalls mündlichen Verhandlungen mit ihnen, ferner in geeigneten Fällen durch Befragen von Zeugen, Anstellung eines praktischen Versuchs der Erfindung für Rechnung des Erfinders oder durch andere geeignete Maßnahmen die Möglichkeit der Erteilung eines Patentes und arbeiten den Vorschlag für die sachliche Entscheidung aus.

Bei jeder offiziellen Anfrage der Sachverständigen wird dem Anmelder für die Beantwortung eine bestimmte Frist nach Ermessen des Komitees gesetzt, die jedoch höchstens 3 Monate betragen darf. Diese Frist kann auf Grund eines begründeten Gesuches des Erfinders, das bis zum Ablaufe der bestimmten Frist eingereicht wird, verlängert werden. Bei Versäumung der Frist ohne Einreichung eines Gesuches wegen ihrer Verlängerung gilt die Anmeldung für zurückgenommen, und das Verfahren auf Grund derselben wird eingestellt. Sie kann nur dann erneuert werden, wenn der Anmelder nicht später als 3 Monate seit Ablauf der versäumten Frist ein entsprechendes Gesuch eingereicht und genügende Beweise dafür beibringt, daß die Frist durch Umstände versäumt wurde, die für ihn, den Anmelder, unabwendbar waren“ (Art. 36).

Die amtliche Prüfung des Komitees in sachlicher Beziehung stellt nicht die Neuheit der Erfindung endgültig fest. Gemäß Art. 36 Abs. 3 „werden der Prüfung der Neuheit der Erfindung von den Sachverständigen besonders die allgemeine technische Literatur und die früheren russischen Privilegien (d. h. die Patente aus der Zeit vor der Revolution) und Patentanmeldungen zu Grunde gelegt. Die ausländische Patentliteratur wird nur nach Maßgabe der Möglichkeit beachtet.“ Die amtliche Prüfung wird durch eine öffentliche ergänzt, und zwar durch Veröffentlichung der Anmeldungen und Gewährung eines Widerspruchsrechtes an dritte Personen. „Wenn die Erteilung des Patentes von den Sachverständigen für möglich erklärt, und eine Einigung mit dem Anmelder über die Fassung der Patentbeschreibung und des Patentanspruches erzielt ist, beschließt das Komitee die Veröffentlichung der Anmeldung“ (Art. 37 Abs. 1). Die Veröffentlichung der

Anmeldung besteht darin, daß der Name des Anmelders und des Erfinders, wenn der letztere dem ersteren seine Rechte auf Grund der Anmeldung abgetreten hat, sowie die Bezeichnung des in der Anmeldung enthaltenen Vorschlages in dem offiziellen Organ des Komitees veröffentlicht werden. Gleichzeitig werden alle Dokumente, die sich auf die Anmeldung beziehen, im Komitee allen Beteiligten zur Einsicht ausgelegt. Auf Antrag des Anmelders kann die Veröffentlichung der Anmeldung um eine Frist von 3—6 Monaten vertagt werden, die von dem Tage des hierüber ergehenden Beschlusses rechnet. Wenn die Anmeldung eine Erfindung betrifft, die ersichtlich im Interesse des Staates der Geheimhaltung und Enteignung unterliegt, so erfolgt die Erteilung des Patentes in einem geheimen Verfahren, ohne vorherige Veröffentlichung (Art. 37 Abs. 4). Der Augenblick der Veröffentlichung ist entscheidend in der Beziehung, daß „bis zur Entscheidung über die Veröffentlichung der Anmeldung der Anmelder das Recht hat, in die Beschreibung und Zeichnungen Verbesserungen aufzunehmen, die das Wesen der Anmeldung nicht berühren. Nach diesem Zeitpunkt und bis zur Übergabe der Beschreibung zwecks Druckes des Patentes sind nur unbedeutende formelle Verbesserungen (von Schreibfehlern, Ungenauigkeiten in den Ausdrücken usw.) zugelassen“ (Art. 35). „Binnen dreier Monate nach Veröffentlichung der Anmeldung können dritte Personen Widerspruch gegen die Erteilung des Patentes einlegen. Der Widerspruch muß in schriftlicher Form mit genauer Begründung und bestimmten Verweisungen auf die technische und Patentliteratur eingereicht werden. Er kann sich nur auf die Behauptung stützen, daß der Gegenstand nicht patentfähig im Sinne der Art. 1 und 2 des gegenwärtigen Dekretes sei, oder daß der Anmelder nicht der wirkliche Erfinder oder sein Rechtsnachfolger sei“ (Art. 38). Bei dem Verfahren über den Widerspruch vor dem Komitee oder bei einer gerichtlichen Untersuchung über die Nichtigerklärung eines erteilten Patentes können dritte Personen gegen die Erteilung des Patentes auftreten oder die Gültigkeit des erteilten Patentes bestreiten, und zwar auch mit der Begründung, daß die Erfindung ganz oder teilweise aus den veröffentlichten ausländischen Patentschriften bekannt ist (Art. 36). Falls in der angegebenen Frist kein Widerspruch eingeht oder ein eingegangener Widerspruch sichtlich unbegründet ist, erläßt das Komitee unverzüglich die Entscheidung über die Erteilung des Patentes. Andernfalls schreitet das Komitee zur Prüfung des Widerspruches und erläßt eine endgültige Entscheidung spätestens binnen 6 Monaten seit dem Tage des Eingangs des Widerspruches (Art. 38).

Die zuständigen Organe des Komitees sind in dem Gesetz nicht erwähnt. Nach unserer Meinung wäre im Interesse der größeren Rechtsgarantie und der Interessen des Erfinders das folgende Schema zu empfehlen, das im allgemeinen mit der jetzigen Einrichtung des Komitees übereinstimmt:

a) Vorprüfungsbüro: dieses erteilt das Anmeldezeugnis oder lehnt die Erteilung in den oben erwähnten Fällen ab; es setzt auch entsprechende Fristen zur Aufklärung oder Vervollständigung von Anmeldungen, wobei es ihre Bestätigung versagen kann (Art. 32). Zur Ablehnung der Erteilung eines Anmeldezeugnisses, ebenso zur Setzung einer Frist ist ein Kollegialbeschluß des Vorprüfungsbüros erforderlich;

b) Büro für die Prüfung der Neuheit: in Gestalt eines Sachverständigen betreibt es die offizielle Prüfung der Neuheit einer Erfindung, indem es dem Anmelder entsprechende Fristen zur Beantwortung seiner Anstände setzt.

Beschlüsse über die Veröffentlichung der Anmeldung, über die Ablehnung der Erteilung eines Patentes sowie auch über die Ablehnung der Wiederherstellung einer versäumten Frist ergehen im Namen des Kollegiums durch eine der Abteilungen des Büros für die Neuheitsprüfung, in deren Behandlung sich die betreffende Anmeldung befindet.

Zur Entscheidung von Streitigkeiten über die Urheberschaft (Art. 7), über die Erteilung von Zwangslizenzen (Art. 18) und über die Verlängerung der Gültigkeitsdauer eines Patentes wegen unüberwindlicher Hindernisse für seine Ausführung (Art. 17) ebenso wie für andere Fragen rechtlicher Natur scheint uns zweckmäßig die Errichtung eines besonderen Büros für Streitsachen im Rahmen des Komitees.

Die zweite Instanz des Komitees bildet die Beschwerdeabteilung. Die einzelnen Zwischenverfügungen können bei dieser Instanz nicht angefochten werden (Art. 39 Abs. 1 Satz 1), sondern nur endgültige Beschlüsse („Entscheidungen") über die Erteilung oder Ablehnung der Erteilung eines Patentes, darunter auch solche über die Verlängerung einer Frist. „Die Entscheidung über die Erteilung oder Ablehnung eines Patentes kann bei einem besonderen Organ des Komitees angefochten werden, das auf der in der

Verordnung über das Komitee (Art. 25) vorgesehenen Grundlage arbeitet; die Gründe für die Bemängelung der Entscheidung sind genau auseinanderzusetzen" (Art. 39 Abs. 1 Satz 1). Auf diese Weise unterliegen der Bearbeitung durch die Beschwerdeinstanz des Komitees:

a) die Weigerung des Vorprüfungsbüros zur Erteilung eines Anmeldezeugnisses wie auch zur Verlängerung einer Frist — letzteres erscheint gleichzeitig als Verweigerung der Erteilung eines Patentes;

b) die Weigerung des Büros für die Neuheitsprüfung zur Erteilung eines Patentes oder zur Verlängerung einer Frist;

c) die Anordnung des Büros für die Neuheitsprüfung betreffend die Teilung der Anmeldung in mehrere verschiedene Anmeldungen (Art. 28);

d) der Widerspruch dritter Personen gegen die Erteilung des Patentes, und im Falle der Verweigerung der Patenterteilung gegenüber dem Anmelder oder ihrer Beschränkung auf Grund eines solchen Widerspruchs (Art. 38) auch die Beschwerden des Erfinders;

e) der Streit über die Urheberschaft nach Erlaß einer Entscheidung des Büros für Streitsachen beim Komitee;

f) die Ablehnung der Verlängerung der Geltungsdauer des Patents (Art. 17) durch das gleiche Büro.

Bei der gleichen Instanz kann Beschwerde eingelegt werden gegen die Entscheidung des Büros für Streitsachen über die Erteilung oder die Ablehnung der Erteilung einer Zwangslizenz. Hier ist eine offenbare Lücke im Artikel 39, denn die Frage der Erteilung oder Ablehnung der Erteilung einer Zwangslizenz ist eine grundlegende Frage von allererster Wichtigkeit. Obwohl diese Frage vor das Gericht gebracht werden kann, so muß doch die kompetente Meinung des Komitees, die für das Gericht wesentlich ist, durch die zweite (Beschwerde-) Instanz sichergestellt sein. Nach allgemeiner Regel erlassen alle Organe des Komitees, die sachliche Entscheidungen geben, das Vorprüfungsbüro, das Büro für die Neuheitsprüfung, das Büro für Streitsachen, diese Entscheidungen in kollegialer Form unter Mitwirkung von mindestens 3 Mitgliedern des Komitees. Die Entscheidungen der zweiten Instanz (des „besondern Organs beim Komitee") ergehen kollegial unter Mitwirkung von mindestens 5 Mitgliedern des Komitees; die Personen, die bei der Prüfung der Sache in erster Instanz teilgenommen haben, können in der zweiten Instanz nicht mit entscheidender Stimme mitwirken.

Die Beschwerde muß sorgfältig begründet werden. „Wenn die angefochtene Entscheidung die Erteilung eines Patentes ablehnt, hat das Anfechtungsrecht der Anmelder. Wenn jedoch das Patent zuerkannt wird, hat das Recht der Anfechtung sowohl der Anmelder, falls ihm das Patent nicht in der Form erteilt ist, zu der er vor der Veröffentlichung der Anmeldung seine Zustimmung gegeben hat, als auch jede beteiligte dritte Person. Die Beschwerde ist spätestens binnen 3 Monaten seit dem Tage der Entscheidung des Komitees einzulegen.

Wenn die Beschwerde nicht den formellen Erfordernissen entspricht oder nach Ablauf der festgesetzten Frist eingeht, so bleibt sie unberücksichtigt. Wenn jedoch diese Bedingungen erfüllt sind, so wird die Angelegenheit einem Mitglied des Komitees zur Prüfung übertragen, das nicht die erste Prüfung der Anmeldung vorgenommen hat. Der neue Prüfer trifft alle erforderlichen Maßnahmen zwecks Aufklärung, ob die Beschwerde begründet ist, z. B. Anhörung der beteiligten Parteien, Befragung von Zeugen und Sachverständigen usw.; nach Abschluß des Verfahrens erstattet er einen entsprechenden Bericht. Die beteiligten Parteien werden auf Grund ihres Gesuches zu einer Sitzung zwecks Prüfung der Beschwerde geladen, um Aufklärungen zu geben. Wenn bei dieser Prüfung neue Umstände hervortreten außer denjenigen, die von der angefochtenen Entscheidung berücksichtigt sind, so wird die Sachentscheidung unter Bestimmung einer Frist zur Beibringung neuer Aufklärungen vertagt" (Art. 39).

Der letzte Absatz des Art. 39 lautet: „Die auf Grund der Klage ergehende Entscheidung gilt als endgültig und kann nur vom Gericht gemäß Art. 21 des gegenwärtigen Dekretes abgeändert werden", d. h. soweit durch die Entscheidung der Beschwerdeabteilung des Komitees die Entscheidung der ersten Instanz abgeändert wird, geht die Angelegenheit an diese Instanz zurück, in der die betreffende Entscheidung ergangen war. Wenn jedoch die Entscheidung erster Instanz bestätigt wird, so erscheint die Entscheidung der Beschwerdeabteilung als endgültiger Ausspruch des Komitees. Der Anfechtung vor Gericht unterliegt nach dem klaren Sinne des Gesetzes nicht die endgültige Entscheidung des Komitees über die Ablehnung der Patenterteilung. Die erwähnte Gesetzesbestimmung beruht darauf, daß der Anspruch auf das Patent ein „ziviles Recht" im Sinne von Art. 2 des bürgerlichen Gesetzbuches ist; dieser Anspruch wird durch das Patentdekret bestimmt, das sowohl die materiellen wie die formellen Vorausetzungen aufstellt, bei deren Erfüllung der Berechtigte Anspruch auf ein Patent hat. Das Urteil über das Vorhandensein dieser Voraussetzungen soll anerkanntermaßen eine Verwaltungsbehörde, das Komitee über Erfindungsangelegenheiten, fällen und nicht das Gericht. Die Fälle, die vor das Gericht gebracht werden können, sind im Gesetz angegeben; die Ausdehnung des Wirkungskreises des Gerichts auf die Entscheidung aller Fälle von Patentverweigerung würde dazu führen, daß neben dem Verwaltungsorgan (dem Komitee für Erfindungsangelegenheiten) ein ebenbürtiges gerichtliches Organ eingesetzt würde, was natürlich unzweckmäßig ist.

Die Anfechtung der endgültigen Entscheidung des Komitees (außer den in dem Dekret angegebenen Fällen, wo die Angelegenheit an die erste gerichtliche Instanz gelangt) beim Höchsten Gericht entsprechend dem Rechtszustande in Deutschland, wo auf Grund von § 33 des Patentgesetzes die Berufung an das Reichsgericht zugelassen ist, kennt unser Recht nicht. Trotzdem besteht das unbestreitbare Bedürfnis nach einer Revisionsinstanz, soweit in den Entscheidungen des Komitees die in Art. 237 der Zivilprozeßordnung angegebenen Voraussetzungen zutreffen, nämlich:

a) die Verletzung oder unrichtige Anwendung der geltenden Gesetze oder

b) ein offenbarer Widerspruch zwischen der Entscheidung und den wirklichen Tatumständen;

in diesen Fällen müssen die Entscheidungen von einer höchsten Instanz korrigiert werden. Eine solche Instanz kann das Gouvernements- oder höchste Gericht nicht sein, da hierüber eine entsprechende Bestimmung im Gesetz fehlt. Dagegen könnte nach unserer Meinung als solche Instanz das Präsidium des höchsten Volkswirtschaftsrates fungieren. Nach der allgemeinen Verordnung über die Volkskommissariate der USSR (Kapitel 1 Art. 6 Abs. a) „wird dem Volkskommissariate der USSR die allgemeine Leitung der Tätigkeit aller ihm untergeordneter Behörden, die Aufsicht über sie in Bezug auf Ausführung der Gesetze und Verordnungen der höchsten Organe der USSR und die Einleitung der geeigneten Schritte im vorgeschriebenen Verfahren zwecks unverzüglicher Abstellung einer gesetzwidrigen Tätigkeit übertragen“, und nach Abs. e) des gleichen Artikels wird den Kommissariaten auch „die Entscheidung von Klagen, die in Bezug auf die Tätigkeit und Anordnungen der ihnen unterstellten Behörden und Personen erhoben werden, übertragen (Gesetzsammlung 1923 Nr. 1031). Zur Einreichung derartiger Kassationsbeschwerden beim Präsidium des Obersten Volkswirtschaftsrates gegen endgültige Entscheidungen des Komitees muß eine Frist von einem Monat gewährt werden. Wenn das Präsidium des Obersten Volkswirtschaftsrates die Beschwerde für unbegründet erachtet, gibt es derselben keinen Fortgang, wenn es dagegen der Ansicht ist, daß die Beschwerde Beachtung verdient, ändert es die Entscheidung ganz oder teilweise ab und verweist sie an das Komitee zwecks Prüfung in vollem Umfange oder in Bezug auf den abgeänderten Teil zurück.

Als zuständige Instanz für die Entscheidung der in dem Patentdekret angegebenen Fälle erscheint das Gouvernementsgericht (Art. 22 Abs. d) der Zivilprozeßordnung); die Entscheidungen des Gouvernementsgerichts können durch Revision beim höchsten Gerichtshof angefochten werden (Art. 235—249 der gleichen Prozeßordnung). Die endgültigen Entscheidungen des Komitees können gerichtlich nach Art. 31 des Dekretes (betreffend Patentfähigkeit der Erfindung oder Mangel des Autorrechtes) angefochten werden. Art. 20 Abs. d) sieht die Beendigung der Wirksamkeit (Zurücknahme) des Patentes durch gerichtliche Entscheidung vor, falls die Erfindung vorsätzlich nicht in der vorgeschriebenen Form ausgeführt wird. Man beachte hier den Unterschied in den Strafandrohungen des Art. 20 („Beendigung der Wirksamkeit des Patentes“) und des Art. 21 („Das Patent wird für nichtig erklärt“). Im ersten Fall erlischt die Wirkung des Patentes im Augenblick der Rechtskraft der Entscheidung des Komitees oder des gerichtlichen Urteiles; im zweiten Falle gilt das Patent als nichtig vom Augenblick seiner Erteilung, was auch auf die darauf gegründeten Rechtsbeziehungen und Rechtsverletzungen zurückwirkt. So ist eine Nachahmung, die vor der „Beendigung der Wirksamkeit des Patentes“ erfolgt war, strafbar, bei „Nichtigerklärung des Patentes“ wird sie nicht bestraft, denn zur Zeit des Deliktes fehlte ein rechtlich geschützter Gegenstand, was durch eine Gerichtsentscheidung aus jüngster Zeit festgestellt worden ist. Leider führt unser Recht keine Sondergerichte für Patentangelegenheiten ein. Angesichts der Schwierigkeit dieser Frage wäre für die erste Zeit der Mittelweg erstrebenswert, den der deutsche Gesetzentwurf von 1913 eingeschlagen hat; nach Art. 49 dieses Entwurfes konnten in den einzelnen Staaten, die zu Deutschland gehörten, besondere Landesgerichte als Gerichte in Patentstreitigkeiten bezeichnet werden, d. h. es wurde der Grundsatz der Spezialisierung eines ordentlichen Gerichts eingeführt. Auch bei uns könnten in den einzelnen Republiken, die zum Bestande der Union gehören, je ein oder mehrere Gouvernementsgerichte bezeichnet werden, vor denen Streitigkeiten über Patentangelegenheiten geprüft würden; ferner könnten in diesen Gerichten besondere Sitzungsperioden für diese Angelegenheiten (analog denjenigen in Arbeitsangelegenheiten) eingerichtet werden, wobei als Beisitzer Spezialarbeiter und -techniker beizuziehen wären. Insoweit könnte das äußerst schwierige Gebiet der technischen Schöpfungen in den Rahmen der Justiz befriedigend eingegliedert werden. Nebenbei sei hier bemerkt, daß der Erlaß eines Sondergesetzes über Patentanwälte (analog den Anwaltskammern) unerläßlich ist, die unter Aufsicht des Komitees für Erfindungsangelegenheiten ihre Berufstätigkeit ausüben würden; der Mangel eines solchen Gesetzes macht oft Personen, die in der Technik wenig bewandert und nicht immer gewissenhaft sind, ohne jede Kontrolle zu Vertretern von Erfindern, obwohl sie nicht imstande und manchmal auch nicht willens sind, die Interessen ihrer Vollmachtgeber in vollem Umfange zu vertreten.

Das Komitee für Erfindungsangelegenheiten als Verwaltungsbehörde ist nicht an die Gesamtheit der prozessualen Vorschriften gebunden, die in der Zivilprozeßordnung für das Gericht festgelegt sind; irgendwelche Hinweise auf die Verbindlichkeit dieser oder jener prozessualen Bestimmungen für das Komitee (wie dies in dem deutschen Patentgesetz der Fall ist) gibt es in dem Dekrete nicht. Die Instruktion, die der Bestätigung durch den Rat für Arbeit und Verteidigung unterliegt, bestimmt die für das Komitee verbindlichen Verfahrensvorschriften. Trotzdem scheint es uns, daß gewisse Bestimmungen der Zivilprozeßordnung, die eine allgemeine Orientierung für das Gericht enthalten, auch für das Komitee verbindlich sind. Hierher gehören die Art. 118—122 der Prozeßordnung, die allgemeine Vorschriften über Beweise enthalten; in Ansehung der Zeugenvernehmung ist der Art. 130, der die Ablehnung von Zeugen betrifft, unbedingt verbindlich für das Komitee; ebenso ist nach unserer Ansicht verbindlich der Art. 145, der die Notwendigkeit der Uebersetzung schriftlicher Beweismittel in die russische Sprache begründet, Art. 146 über die Anfechtung einer schriftlichen Urkunde und Art. 147 über Urkunden, die unter Verletzung der Stempelpflicht angefertigt sind; falls über Unechtheit einer Urkunde gestritten wird, gibt das Komitee derjenigen Partei, die diese Frage angeregt hat, anheim, die Frage der Fälschung vor das Strafgericht zu bringen, indem es das Verfahren bis zur Entscheidung des Gerichts aussetzt. Zweckmäßig ist auch meines Erachtens für das Komitee, sich nach den Art. 152—162 über den Sachverständigenbeweis zu richten; ebenso passend für das Komitee sind die Art. 113—117 über die Aussetzung des Verfahrens mit denjenigen Modifikationen, die sich aus der Eigenart der Patentprüfung ergeben.

Es entsteht die Frage der Anwendbarkeit des Art. 178 des Strafgesetzbuches auf falsche Zeugenaussagen, die bei der Prüfung der Angelegenheiten durch das Komitee abgegeben werden („Die wissentlich falsche Aussage, die von einem Zeugen, Sachverständigen oder Dolmetscher bei Führung einer Untersuchung oder der gerichtlichen Prüfung einer Sache angegeben wird, wird mit Freiheitsentziehung auf die Dauer von mindestens einem Jahre bestraft"). Nach unserer Meinung kann die Prüfung im Verwaltungsverfahren vor dem Komitee für Erfindungsangelegenheiten durchaus mit einem „Ermittlungsverfahren", das von einer Verwaltungsbehörde durchgeführt wird, auf eine Stufe gestellt werden. Außerdem würde bei Mangel einer strafrechtlichen Folge für die falsche Aussage eines Zeugen oder Sachverständigen die ganze Tätigkeit des Komitees unsicher, jeder festen Unterlagen beraubt sein. Aus diesem Grunde schlagen wir vor, daß das Komitee bei der Befragung der Zeugen oder eines von der Partei aufgestellten Sachverständigen von diesen schriftlich bescheinigen läßt, daß sie auf die Verantwortlichkeit nach Art. 178 des Strafgesetzbuches hingewiesen sind. Dieses unser Ergebnis kann auch auf Art. 10 des Strafgesetzbuches gestützt werden:

„Wenn im Strafgesetzbuch ausdrückliche Bestimmungen für einzelne Arten von Verbrechen fehlen, so sind diejenigen Strafen oder Schutzmaßnahmen anzuwenden, die entsprechend den Artikeln des Strafgesetzbuches die nach Schwere und Art des Verbrechens nächstähnlichen Fälle betreffen, unter Beachtung der Regeln des allgemeinen Teiles dieses Gesetzes";

die falsche Aussage eines Zeugen, Sachverständigen oder Dolmetschers bei Prüfung der Angelegenheiten im Komitee ist unbedingt ein Verbrechen und unterliegt deshalb der Strafe nach Art. 178, als der nach ihrem Inhalt am besten passenden Vorschrift.

Hier wollen wir auch darauf hinweisen, daß der Beschluß über die Veröffentlichung der Anmeldung oder der Ablehnung der Erteilung eines Patentes nicht später als 18 Monate seit dem Tage der Anmeldung ergehen darf (Art. 37 Abs. 2 Satz 3), d. h. die Prüfung der Neuheit der Erfindung muß in der erwähnten Zeit erfolgen. Diese Pflicht des Komitees kann nicht unbedingt aufgefaßt werden. Das englische Recht setzt eine 1½jährige Frist für die Erteilung des Patentes fest (sec. 12 in der Fassung von 1919), gewährt aber dabei dem Patentamt das Recht zur Verlängerung der Frist unter der Voraussetzung des Vorliegens bestimmter Umstände oder bei säumigem Verhalten des Anmelders. Es erscheint durchaus richtig, daß auch unser Komitee für Erfindungsangelegenheiten das Recht hat, die festgesetzte Frist zu verlängern, soweit der Berechtigte um Verlängerung oder Erneuerung der ihm gesetzten Frist auf Grund des Art. 32 des Dekretes gebeten hat.

„Die endgültige Entscheidung über die Erteilung des Patentes wird von dem Komitee in seinem offiziellen Organ veröffentlicht. Das Komitee stellt dem Patentinhaber eine Patenturkunde aus. Wenn die Anmeldung nach ihrer Veröffentlichung zurückgenommen ist (Art. 37), oder wenn die Erteilung des Patentes abgelehnt wird, so ergeht auch hierüber eine Veröffentlichung in dem erwähnten Organ“ (Art. 40).

„Das Komitee für Erfindungsangelegenheiten führt ein Register, in dem die Bezeichnung und die Gültigkeitsdauer des Patentes, der Tag der Anmeldung, Name und Wohnort des Patentinhabers und geeignetenfalls seines Stellvertreters, ferner auch der Name und Wohnort des wirklichen Erfinders angegeben werden. Der Beginn der Wirksamkeit (Art. 17), die Frist für die Ausübung (Art. 18), die Zahlung der Gebühr, die Verlängerung, das Erlöschen sowie die Nichtigkeitserklärung und die Entziehung des Patentes auf Grund gerichtlicher Entscheidung werden im Register vermerkt und in dem von dem Komitee herausgegebenen offiziellen Organ veröffentlicht. Aenderungen in der Person des Patentinhabers (Art. 10) werden nach Vorlegung entsprechender Dokumente gleichfalls im Patentregister vermerkt und in dem Organ des Komitees veröffentlicht“ (Art. 41 Abs. 1 und 2).

Die Aufzählung der Rubriken des Registers ist nur beispielsweise, nicht erschöpfend; Art. 10 bestimmt, daß „die Veräußerung des Patentes und die Begründung von Lizenzen erst mit dem Tage einer entsprechenden Eintragung in das Patentregister hierüber in Kraft treten“, während im Art. 41 von Lizenzen nichts gesagt wird. Ebenso muß im Register auf Antrag eines Berechtigten auch dessen Vorbenutzungsrecht vermerkt werden.

„Die Einsicht des Patentregisters und der Beschreibung, Zeichnungen, Modelle und Abbildungen, auf Grund deren das Patent erteilt wurde, steht jedem Interessenten frei, soweit das Patent nicht eine geheime Erfindung betrifft, die im Namen öffentlicher Organe angemeldet oder von ihnen im Wege der Zwangsenteignung erworben ist. Die Beschreibung und Zeichnungen der erteilten Patente werden in Gestalt von Patentschriften veröffentlicht, die in ihrer Gesamtheit die Sammlung der Patente der USSR bilden. Die übrigen von dem gegenwärtigen Gesetz vorgeschriebenen Veröffentlichungen werden in das offizielle Organ des Komitees aufgenommen" (Art. 41 Abs. 3 und 4).

Art. 29 und 30 des Dekretes regeln den Uebergang von einer Patentanmeldung zur Anmeldung eines Gebrauchsmusters. Sie lauten: „Wenn der Erfinder für den Fall der Ablehnung des Patentes auf Grund einer entsprechenden Anmeldung wünscht, daß derselbe Gegenstand in das Musterregister auf Grund des Dekretes über gewerbliche Muster eingetragen wird, so ist hierfür eine besondere Anmeldung erforederlich, die von dem Anmelder selbst an das Komitee für Erfindungsangelegenheiten gerichtet wird. Wenn eine derartige Musteranmeldung von dem Anmelder des Patentes später als die Patentanmeldung vorgenommen wird, so wird die Frist für sein Musterrecht von dem Tage der Einreichung der Patentanmeldung an gerechnet" (Art. 29).

„Falls in dem Zeitraum zwischen der Patentanmeldung und der Anmeldung desselben Gegenstandes durch die gleiche Person oder ihren Rechtsnachfolger als Muster (Art. 29) eine andere Person ein Zeugnis auf das gleiche Modell erhält, erteilt das Komitee auch der ersteren Person, die vorher die Patentanmeldung vorgenommen hat, ein Zeugnis, indem es den beiden Zeugnisinhabern überläßt, eine Vereinbarung über die Benutzung des Modells zu treffen" (Art. 30).

Das Dekret über Gebrauchsmuster ist im Anhang abgedruckt.

III.
Einführungsverordnung.

Die Verordnung des Zentral-Exekutiv-Komitees und des Rates der Volkskommissare der USSR „über die Einführung des Dekretes über Erfindungspatente“ regelt die Ueberleitung des gegenwärtigen patentrechtlichen Zustandes in der Union zu der einheitlichen Patentkodifikation. Zur Zeit der Oktober-Revolution war die zur Behandlung von Patentangelegenheiten zuständige Behörde das Komitee für technische Angelegenheiten beim Ministerium für Handel und Gewerbe, das auf Grund des „Gesetzes über Privilegien“ von 1896 tätig war. Nach dem 7. November 1917 wurde das Ministerium für Handel und Gewerbe umbenannt in „Volkskommissariat für Handel und Gewerbe“, und das Komitee für technische Angelegenheiten wurde bei ihm unter Aufrechterhaltung des Gesetzes über Privilegien von 1896 bestehen gelassen; infolge der allgemeinen politischen Zeitverhältnisse verlor die Tätigkeit des Komitees ihren regelmäßigen Charakter, aber es gingen noch längere Zeit Anmeldungen auf Grund des alten Gesetzes ein. Im Frühjahr 1918 wurde in Verbindung mit der Verlegung der Regierungsbehörden aus dem damaligen Petrograd nach Moskau zusammen mit dem Volkskommissariat für Handel und Gewerbe auch das Komitee für technische Angelegenheiten verlegt. Bei der Neuordnung des Volkskommissariats für Handel und Gewerbe wurde das Komitee für technische Angelegenheiten zum Obersten Volkswirtschaftsrat übernommen und zu der Unterabteilung für Erfindungen bei der Abteilung für Organisation der Erzeugung umgestaltet. Im Herbst 1918 wurde die Unterabteilung für Erfindungen in „Komitee für Erfindungsangelegenheiten“ umgetauft und der wissenschaftlich-technischen Abteilung des Obersten Volkswirtschaftsrates unterstellt. Ungeachtet des Umstandes, daß die Quelle des materiellen Rechts in Patentangelegenheiten das „Gesetz über Privilegien“ blieb, wurde doch dem Komitee in erster Linie die Aufgabe der Enteignung nützlicher Erfindungen übertragen. Damals schon tauchte der Gedanke auf, daß ein Dekret unentbehrlich sei, das mit den sozialpolitischen und wirtschaftlichen Bestimmungen zusammenpaßte. Das entsprechende Dekret wurde am 30. 6. 1919 veröffentlicht. Unter der Sowjet-Herrschaft in Petrograd und Moskau im Jahre 1918 wurden in den sogenannten „fliegenden Sachverständigensessionen“ eine ganze Reihe von Anmeldungen untersucht, die zur Zeit der Zarenherrschaft oder unter der damaligen Regierung eingericht waren, und zwar zum Zwecke der Feststellung der Erfinderrechte auf Grund derselben. Es wandten sich auch in der Folge die Inhaber der früheren Schutzzeugnisse, ebenso die Besitzer von „Privilegien“ aus der Zeit vor der Sowjetherrschaft an das Komitee mit der Anfrage, inwieweit ihre Urheberrechte angesichts der alten Anmeldungen und Privilegien geschützt seien. Auf derartige Anfragen erfolgte die eindeutige Antwort des Komitees: „Die alten Patente haben ihre Bedeutung als Privilegien verloren, d. h. als Gegenstände einer Monopolnutzung, die durch das Dekret von 1919 beseitigt ist, aber die ihnen beigefügten Beschreibungen und Zeichnungen behalten ihre Bedeutung als Dokumente, die das Vorhandensein eines Urheberrechtes bescheinigen, das in Uebereinstimmung mit dem Dekret von 1919 verwertet werden kann.“ Eine analoge Antwort erging auch im Falle von Anfragen der Inhaber älterer Schutzzeugnisse. Den einen wie den anderen erteilte das Komitee, auch wenn sie dies beantragten, weder Anmelde- noch Urheberzeugnisse, und gestattete ihnen auch nicht, neue Anmeldungen auf Grund des geltenden Dekretes einzureichen.

Auf diese Weise werden im Augenblick des Inkrafttretens des Dekretes über Erfindungen folgende Arten von Patenten und Anmeldungen vorhanden sein:

1. „Privilegien“, d. h. Patente, die vor dem 7. 11. 1917 im Gebiete der RSFSR und nach diesem Zeitpunkt auf anderen Gebieten unserer Union von einer anderen als einer Sowjetbehörde erteilt sind.

2. Anmeldungen, die unter den gleichen Bedingungen gemacht sind,

wobei in den Fällen 1 und 2 zur Zeit der Sowjetherrschaft keine Entscheidung oder Entschließung von einem Sowjetorgan ergangen und auch von ihren Inhabern kein Gesuch an eine Sowjetbehörde, die sich mit Patenten befaßte, wegen der Feststellung ihrer Rechte gerichtet worden war.

3. Anmeldungen aus der Zeit vor der Sowjetherrschaft, die nach deren Eintritt geprüft wurden und auf die eine Entscheidung des zuständigen Organs über die Erteilung eines Patentes ergangen war.

4. Anmeldungen aus der Zeit vor der Sowjetherrschaft, die nicht geprüft sind, aber auf Grund deren die Inhaber von Schutzzeugnissen ihre Rechte im Wege eines entsprechenden Gesuches an die Sowjetbehörde festgestellt haben.

5. Anmeldungen aus der Zeit vor der Sowjetherrschaft, die nach deren Eintritt geprüft sind, auf die jedoch seitens der ersten Instanz des Komitees die Ablehnung der Erteilung eines Patentes ausgesprochen worden ist; angesichts der Verhältnisse der Revolutionszeit muß vermutet werden, daß der Anmelder nicht die Möglichkeit hatte, die Entscheidung über die Verweigerung eines Patentes vor einer zweiten Instanz anzufechten.

6. Privilegien aus der Zeit vor der Sowjetherrschaft, deren Inhaber ihre Rechte durch einen entsprechenden Antrag an die Patentbehörde der Sowjets festgestellt haben (anerkannte Patente).

7. Anmeldungen, die bei der Unterabteilung für Erfindungen beim Obersten Volkswirtschaftsrate oder beim Komitee für Erfindungsangelegenheiten beim Obersten Volkswirtschaftsrate eingereicht sind.

Diese ganze Masse von Privilegien und Anmeldungen wird durch die Einführungsverordnung in 2 Gruppen geteilt: In die erste fallen die von uns unter 1 und 2 erwähnten, und in die zweite alle übrigen.

Art. 2 der Einführungsverordnung lautet:

> „Patente" (Privilegien) auf Erfindungen, die von anderen als Sowjetorganen erlassen sind, haben keinerlei Gültigkeit."

In Bezug auf die erste Gruppe (unsere Gruppen 1 und 2) wird folgendes bestimmt:

> „Den Personen, die gemäß Art. 2 das Recht auf ein Patent verloren haben, das von einer Behörde aus der Zeit vor der Sowjet-Herrschaft erteilt worden war, ebenso den Personen, die bei der zuständigen Behörde eine Anmeldung vorgenommen haben, bevor auf dem betreffenden Territorium die Sowjet-Herrschaft eingerichtet wurde, steht das Recht zu, die Erteilung eines Patentes in Uebereinstimmung mit dem Dekret des Zentral-Exekutiv-Komitees und des Rates der Volkskom-

missare der USSR über Erfindungspatente zu beantragen" (Art. 3).

Auf diese Weise scheiden aus der gesamten Masse der Privilegien und Anmeldungen, die der erwähnte Artikel behandelt, nach seiner ausdrücklichen Vorschrift vor allem diejenigen aus, bei denen die ursprüngliche Anmeldung vor dem 1. 1. 1910 erfolgt ist. Wir müssen natürlich auch diejenigen ausscheiden, die bis zum Augenblick der Oktoberrevolution (7. 11. 1917), gleichgültig aus welchem Grunde (Zurücknahme eines Privilegs, Nichteinlegung der rechtzeitigen Beschwerde innerhalb der gesetzlichen Frist gegen die Ablehnung der Erteilung eines Privilegs und Nichtausführung der Erfindung), ihre Wirksamkeit verloren haben, denn durch das neue Dekret können solche Rechte nicht wiederhergestellt werden, die auch ohnedies ihre Wirksamkeit auf Grund des Rechtszustandes vor der Sowjetherrschaft verloren hatten. Als formelles Moment für die Feststellung, daß ein Recht seine Wirksamkeit verloren hat, erscheint hier die entsprechende amtliche Bekanntmachung des Komitees für technische Angelegenheiten, wobei es nicht überflüssig sein dürfte darauf hinzuweisen, daß seit dem Anfang des Krieges keine Veröffentlichungen erfolgt sind, sodaß hier die Erfinder nicht zu der Zahl der Betroffenen gerechnet werden können, da infolge des Kriegszustandes nicht die Möglichkeit bestand, die formellen Anforderungen zu erfüllen. Infolgedessen können die Inhaber von Privilegien und Anmeldungen, soweit eine derartige Veröffentlichung nicht erfolgt ist und sofern sie ihre ursprünglichen Anmeldungen nach dem 1. 1. 1910 eingereicht haben, den Antrag auf Erneuerung stellen. In einem solchen Falle wird das alte Recht nicht wiederhergestellt, da es auf Grund von Art. 2 als für immer erloschen gilt, aber kraft der Tatsache der Urheberschaft steht es den Erfindern frei, den Antrag auf Erteilung eines Patentes gemäß dem Dekret über Erfindungspatente von 1924 zu stellen, wobei ihnen die Vergünstigung gewährt wird, daß die Neuheit ihrer Anmeldung vom Komitee unter Zugrundelegung des Zeitpunktes der ursprünglichen Anmeldung beurteilt wird. Unter der „Neuheit" ist der ganze Komplex der unter die entsprechende Definition fallenden negativen Merkmale (Veröffentlichung, offenkundige Benutzung) der neuerdings eingereichten Anmeldungen in Betracht zu ziehen, d. h. der erwähnte Komplex wird bei Beurteilung der Neuheit einer bestimmten älteren Anmeldung in der Gestalt zu Grunde gelegt, wie er im Augenblick der ursprünglichen Anmeldung vorhanden war. Auf diese Weise werden die neuerdings auf Grund von Privilegien eingereichten Anmeldungen als neue angesehen, da ihre Neuheit schon im Zeitpunkt der ersten Anmeldung feststand, solange nicht auf dem Wege des Widerspruches dritter Personen das Gegenteil bewiesen wird.

Das Recht zur Stellung des Antrages auf die Erneuerung steht nur dem wirklichen Erfinder zu; es bezieht sich nicht auf Erben und Rechtsnachfolger. Der Grund dieser Bestimmung ist ersichtlich der Umstand, daß der Gesetzgeber zu der Erneuerung alter Rechte im Interesse der neuerlichen Heranziehung für unsere Wirtschaft wichtiger Anmeldungen schreitet. Soweit der Erfinder nicht mehr am Leben ist oder sich für die Erfindung nicht mehr interessiert, sofern er sie in den Händen seines Rechtsnachfolgers läßt, insoweit besteht für den Gesetzgeber kein Interesse an der Erneuerung von Rechten, bei denen die schöpferische Hand des Urhebers fehlt.

Alle übrigen Rechte des Autors, darunter auch das Recht auf weitere Abtretung, werden so behandelt, wie dies in Art. 3 der auf dem Dekret beruhenden Einführungsverordnung geregelt ist.

Es entsteht die Frage, wie es in den Fällen zu halten ist, wenn die ursprüngliche Anmeldung von einem Unternehmen ohne Angabe des Erfinders ausgegangen ist (was auf Grund des Gesetzes über Privilegien von 1896 zulässig war); kann jetzt der Urheber dieser Erfindung die Erteilung eines neuen Patentes auf seinen Namen beantragen? Nach unserer Meinung kann er es, denn erstens trifft hier das von uns erwähnte Motiv des Gesetzgebers zu, wonach er sich bemüht, Anmeldungen heranzuziehen, die noch nicht oder noch nicht genügend für unsere Industrie ausgenutzt sind, und die von ihren Urhebern ausgeführt werden können. Zweitens besteht kein gesetzlicher Grund, die Erfinder derjenigen Vorteile zu berauben, die sie auf Grund des Sowjet-Dekretes über Erfindungen besitzen, bloß weil sie diese Vorteile zur Zeit der zaristischen Regierung und während der provisorischen Regierung nicht besaßen. In einem solchen Falle ist erforderlich, daß der Urheber die von dem Dekret (Art. 3) verlangte Versicherung abgibt, daß er der wirkliche Erfinder ist, unter Beifügung entsprechender Beweise hierfür (Bestätigung des ursprünglichen Anmelders, d. h. des Unternehmens, Zeugenaussagen usw.).

Die Einführungsverordnung bestimmt keine Frist, binnen der der erwähnte Anspruch geltend gemacht werden müßte. Dies ist in Bezug auf die Inhaber von Privilegien nicht wesentlich. Ihr

Interesse befiehlt ihnen die schleunigste Einleitung des neuen Verfahrens, da die Geltungsdauer des neuen Patentes auf Grund der Anmerkung zu Art. 3 mit jedem Tage kürzer wird. Was die Inhaber von Schutzzeugnissen betrifft, so muß für sie eine Frist gesetzt werden, denn an der rechtzeitigen Ausübung ihres Rechtes ist vor allem die Volkswirtschaft interessiert, da an der Erteilung von Patenten auf Grund des Standes der Technik von 1910 — sagen wir: im Jahre 1926 kein Interesse mehr besteht. Zu Gunsten der Schnelligkeit und Bestimmtheit der Feststellung der Rechte späterer Anmelder ist es erforderlich, daß das Schicksal der erneuerungsfähigen Anmeldungen sobald als möglich entschieden wird. Auch für die Inhaber der früheren Anmeldungen und Privilegien besteht ein gewisses Interesse an schleunigster Anmeldung, denn obwohl das Vorbenutzungsrecht nach dem Augenblick der Veröffentlichung des Dekretes beurteilt wird, können außer solchen Vorbenutzungsrechten noch neue auftauchen, und zwar gemäß Art. 16 des Dekretes, der das bis zum Zeitpunkt der Bekanntmachung der Erteilung des Anmeldezeugnisses entstandene Vorbenutzungsrecht schützt (siehe unten).

Die in der Verordnung nicht bestimmte Frist für die Stellung des Antrages auf Grund eines Schutzzeugnisses muß vom Komitee für Erfindungsangelegenheiten festgesetzt werden; diese Frist muß unseres Erachtens unter Berücksichtigung unserer Darlegungen auf ein Jahr seit dem Tage des Inkrafttreten des Dekretes über Erfindungspatente bemessen werden. Bei dieser Gelegenheit wollen wir darauf hinweisen, daß auch nach der Berner Uebereinkunft vom 30. Juni 1920 über die Erhaltung oder Wiederherstellung der durch den Weltkrieg betroffenen gewerblichen Eigentumsrechte für die Länder des internationalen Verbandes zum Schutze des gewerblichen Eigentums eine 6monatioe Frist zur Erhaltung der Priorität von Patentanmeldungen gewährt ist (Art. 1 der Uebereinkunft).

Die Wirkungsdauer der anstelle von Privilegien erteilten Patente wird entsprechend um die ganze Zeit gekürzt, die seit der Erteilung des Patentes aus der Zeit vor der Sowjetherrschaft verstrichen ist (Anmerkung zu Art. 3). Was die Ausführung der Erfindungen auf Grund solcher Patente betrifft, so muß hierfür gemäß Art. 18 des Dekretes eine 5jährige Frist gewährt werden (der Zeitraum seit der Erteilung des Patentes aus der Zeit vor der Sowjetherrschaft bis zum 15. September 1924 könnte, wenn man das Moment der Anmeldung nach dem 1. Januar 1910 zu Grunde legt, in der Mehrzahl der Fälle den Inhabern der Privilegien die 5jährige Ausführungsfrist vom Zeitpunkt der Erteilung des Patentes bis zur Revolution nicht gewähren). In Verbindung mit diesem Moment steht auch das Moment der Gebührenzahlung gemäß Art. 19 des Dekretes; in einzelnen Fällen kann der Zustand eintreten, daß das Patent auf eine Frist von weniger als 5 Jahren erteilt ist, sodaß, wenn seine Geltungsdauer nicht verlängert wird und die Ausführung unterbleibt, überhaupt keine Gebühren zu zahlen sind. Was die Höhe der Gebühren betrifft, so werden diese auf Grund der „Regeln über die Erhebung von Gebühren für Erfindungspatente" erst vom Zeitpunkt der Ausführung fällig, von dem an auch das erste gebührenpflichtige Jahr zählt; auf diese Weise wird für die überwiegende Mehrzahl solcher Patente überhaupt keine Gebühr zu zahlen sein.

Wenn wir uns jetzt zu der Frage wenden, auf welche Weise auf Grund des erörterten Art. 3 Patente und Anmeldungen aus der Zeit vor der Sowjetherrschaft erneuert werden können, d. h. welche formellen Handlungen hierzu von dem Erfinder vorgenommen werden müssen, so gelangt man unmittelbar auf Grund des Gesetzestextes zu der Annahme, daß das Gesuch in Gestalt einer völlig neuen Anmeldung eingereicht werden muß. Diese Anmeldung muß sich genau auf die alte Beschreibung und die Zeichnungen stützen, und hierdurch erklärt sich der Anmelder im voraus damit einverstanden, daß er ein Sowjetpatent genau in der alten Form erhält. Das Verfahren, das das Komitee für Erfindungsangelegenheiten in Bezug auf solche Anmeldungen zu beobachten hat, kann in Bezug auf schon erteilte Privilegien bedeutend dadurch erleichtert werden, daß es hier nicht nötig ist, die Neuheit der Anmeldung wiederholt zu prüfen, denn, wie wir schon oben bemerkt haben, ist diese Prüfung schon in Bezug auf den Augenblick der ursprünglichen Anmeldung erfolgt. Das Verfahren beginnt mit der Auslegung auf Grund von Art. 37 des Dekretes, wodurch dritten Personen das Recht zum Widerspruch nach den allgemeinen Vorschriften gewährt wird. Der Widerspruch in Bezug auf die Frage der Neuheit kann sich nur auf den Mangel des Komplexes der Bedingungen für die Neuheit in der Gestalt richten, wie er auf die ursprüngliche Anmeldung anzuwenden war — im übrigen können sich die Einwendungen, wie z. B. gegen das Vorhandensein des Urheberrechts usw., auf die entsprechenden Vorschriften des Dekretes über Erfindungspatente stützen; ebenso gestaltet sich der materielle Inhalt der Klagen, die zwecks

Nichtigerklärung des Patentes beim Gericht eingereicht werden (Art. 21).

In Bezug auf alte Anmeldungen, deren Neuheit noch nicht festgestellt war, beginnt das Verfahren mit der Feststellung dieser. Wenn jedoch ihre Neuheit seinerzeit festgestellt und das Einverständnis des Anmelders mit der Erteilung eines Patentes in der vorgeschlagenen Form erteilt war, so beginnt das Verfahren bei solchen Anmeldungen mit der Auslegung. Außerdem wird den Anmeldern, die ein Gesuch auf Grund von Art. 3 der Einführungsverordnung eingereicht haben, ein Anmeldezeugnis erteilt, nachdem das Büro festgestellt hat, daß die Anmeldung in formeller Beziehung den Anforderungen der Einführungsverordnung entspricht.

Die Anmerkung zu Art. 3 regelt die Geltungsdauer der auf Grund dieses Artikels an Stelle von Privilegien erteilten Patents, wobei sie keine Beschränkungen in Bezug auf die Zulässigkeit der Verlängerung solcher Patente gemäß Art. 17 enthält, wie dies bei der zweiten der oben aufgeführten Gruppen gemäß Abs. b) Satz 2 des Art. 4 der Einführungsverordnung der Fall ist. Ersichtlich hatte der Gesetzgeber im Auge, daß solche nach Art. 3 erneuerten Patente, deren Wirksamkeit in einigen Fällen tatsächlich nur um 2—3 Jahre verlängert werden kann (wenn z. B. das Patent im Jahre 1912 oder 1913 erteilt war), im Falle ihrer Bedeutsamkeit hinreichende Zeit haben müssen, um in der Wirtschaft der Republik Fuß zu fassen. In Ansehung dagegen der Patente, die auf Grund von Schutzzeugnissen erteilt sind, muß die erwähnte Beschränkung Anwendung finden, denn es besteht kein Grund, ihre Inhaber besser zu stellen als die Besitzer von Anmeldezeugnissen aus der Zeit der Sowjetherrschaft.

Hier möge auch die Frage berührt werden, wie es mit der Erteilung eines neuen Patentes anstelle eines alten Privilegs steht, wenn das letztere auf der „sogenannten Solidarität“ beruhte, wie sie Art. 16 des „Gesetzes über Privilegien von 1896“ vorsah („Die Wirkung eines Privilegs auf eine Erfindung oder Vervollkommnung, die schon im Auslande privilegiert war, als das Gesuch um Erteilung eines Privilegs in Rußland eingereicht wurde, kann sich nicht auf eine längere Zeit erstrecken, als die Geltungsdauer des ausländischen Privilegs. Wenn die Erfindung oder Vervollkommnung in mehreren ausländischen Staaten privilegiert war, so erlischt die Wirkung des Privilegs in Rußland mit Ablauf der kürzesten Frist, für die das Privileg in Rußland erteilt war“). Der

Begriff der Solidarität von Patenten ist im Dekret nicht enthalten, und infolgedessen wird nach dem klaren Sinne des Art. 3 der Einführungsverordnung und der Anmerkung dazu ein solches Privileg hinsichtlich der neuerdings verliehenen Geltungsdauer wie auch in allen übrigen Beziehungen nach den allgemeinen Vorschriften behandelt.

Auf die zweite Gruppe von Anmeldungen und Patenten findet Art. 4 der Einführungsverordnung Anwendung. Er lautet:

„Rechte auf Erfindungen, die durch das Komitee für technische Angelegenheiten des Volkskommissariats für Handel und Gewerbe und durch das Komitee für Erfindungsangelegenheiten (oder die Unterabteilung für Erfindungen) beim Obersten Volkswirtschaftsrat registriert oder anerkannt sind, bleiben in Kraft. Im Einzelnen gilt folgendes:

a) Anmeldungen, die bei den erwähnten Stellen eingereicht sind, wird entsprechend dem Dekret über Erfindungen Fortgang gegeben, und zwar unter Wahrung der Priorität des Tages der Anmeldung;
b) die erteilten Schutzzeugnisse über die Anmeldung haben die Kraft von Anmeldezeugnissen gemäß Art. 34 des Dekretes des Zentral-Exekutiv-Komitees und des Rates der Volkskommissare der USSR über Erfindungspatente, jedoch unterliegen die an ihrer Stelle erteilten Patente in Abweichung von Art. 17 des Dekretes über Erfindungspatente nicht der Verlängerung;,
c) die gerichtliche Zuerkennung des Rechtes auf eine Erfindung begründet das Recht auf Erteilung eines Patentes, wobei die Wirkung dieses Patentes sich auf 15 Jahre seit dem 15. September 1924 erstreckt“.

Es ist unstreitig, daß nicht jedes Privileg und jede Anmeldung aus der Zeit vor der Sowjetherrschaft vom Sowjetkomitee für Erfindungsangelegenheiten auf Grund der Einreichung eines Gesuches anerkannt werden konnte; die Autorschaft konnte nur in solchen Fällen anerkannt werden, wenn das Privileg oder die Anmeldung bis zum Zeitpunkt der Oktoberrevolution (7. November 1917) in Kraft gestanden hatte — wofür als formelles Kennzeichen der Mangel einer Bekanntmachung galt, durch die das Patent oder Schutzzeugnis für nichtig erklärt wurde. Hierzu kommt auch noch die Bedingung, daß die ursprüngliche Anmeldung nach dem ersten Januar 1910 bewirkt sein mußte. So war auch die Praxis des Komitees. Art. 4 führt nicht die in Art. 3 enthaltene materielle Beschränkung ein, daß das Recht zur Stellung eines entsprechenden Antrages sich nicht auf die Erben und sonstigen Rechtsnachfolger des wirklichen Erfinders erstreckt: Im vorliegenden Falle steht dieses Recht den Rechtsnachfolgern wie auch den Erben des Erfinders zu. Bei Eingang von Anträgen auf Anerkennung alter Patente und Schutzzeugnisse beim Komitee, die von Erben ausgingen, mußte das Komitee sich auf den entsprechenden Art. 8 des Gesetzes über Erfindungen von 1919 stützen („Die Rechte der Bedürftigen, Arbeitsunfähigen und Verwandten und des Ehegatten eines verstorbenen Erfinders regeln sich nach den allgemeinen Vorschriften in den Grenzen, wie sie das Dekret über die Abänderung der Erbfolge vorsieht und analog den Art. 7 und 8 des Dekretes über wissenschaftliche, künstlerische und ähnliche Schöpfungen vom 1. Dezember 1918 — Gesetzsammlung Nr. 86 Art. 900“). In diesem Falle erkannte das Komitee das Recht der Erben nur „bedingungsweise“ an, unter der Auflage der Beibringung einer öffentlichen Urkunde über die Bestätigung des Erbrechtes. Insoweit solche Urkunden in der Folge noch vorgelegt werden, selbst nach Erlaß des Patentdekretes, soweit müssen den Anmeldern Patente auf Grund von Art. 4 der Einführungsverordnung erteilt werden.

Außerdem besteht zwischen den Art. 3 und 4 der Einführungsverordnung auch ein prozessualer Unterschied: Wie sich aus dem Inhalt des Art. 4 ergibt, unterscheidet er sich dadurch von Art. 3, daß zum Anspruch auf ein Patent gemäß Art. 3 der Akt der Stellung eines neuen Antrages von Seiten des Berechtigten erforderlich ist, während nach Art. 4 eine solche Initiative nicht verlangt wird. Die Rechte auf eine Erfindung, die bei einer Sowjetbehörde angemeldet oder verwirklicht sind, behalten ihre Gültigkeit; der entsprechende benachrichtigende Schritt ist vom Komitee für Erfindungsangelegenheiten zu tun. Dies ist eine sehr komplizierte Sache bei den Anmeldungen, auf die seinerzeit ein Patent zuerkannt war (die erste Kategorie unserer zweiten Gruppe) oder auf die zur Zeit der Sowjetherrschaft eine ablehnende Entscheidung der ersten Instanz ergangen war und wo nach unserer Auffassung die Anmelder das Recht zur Beschwerde haben (Zweite Kategorie unserer zweiten Gruppe). Die Anmelder, darunter Ausländer oder ausländische juristische Personen, können nur schwer ermittelt werden, die von ihnen erteilten Vollmachten auf den Namen von Personen, die in Rußland wohnen, sind durch Verjährung hinfällig geworden, denn gemäß Art. 288 des BGB kann die Vollmacht auf nicht länger als drei Jahre erteilt werden; wenn in der Vollmacht keine Frist angegeben ist, behält sie ihre Wirksamkeit während eines Jahres seit ihrer Erteilung. In Bezug auf Anmelder unbekannten Aufenthalts kann das Komitee eine entsprechende Veröffentlichung in der Sowjetpresse erlassen und hierbei die Erfinder einer bestimmten Kategorie (ohne Nennung ihrer Namen) zur Einreichung entsprechender Anmeldungen mit Angabe ihres Wohnsitzes, falls aber diese Personen oder Körperschaften ihren juristischen Wohnsitz außerhalb des Gebietes der USSR haben, auch zur Bestimmung eines Vertreters aus der Zahl der im Gebiet der USSR lebenden Personen auffordern. Die gewährte Frist muß unseres Erachtens 6 Monate seit dem Tage der Bekanntmachung betragen, damit die berechtigten Personen und Organisationen von ihrem Rechte Gebrauch machen können.

Wenn die Anmeldungen beim Komitee für Erfindungsangelegenheiten von juristischen Personen auf Grund entsprechender Abtretungsakte seitens der wirklichen Erfinder bewirkt waren, so wird diesen Anmeldungen in gleicher Weise wie den unmittelbaren Anmeldungen der Erfinder Fortgang gegeben, denn Art. 4 spricht von den R e c h t e n auf die Erfindung, und das Recht auf eine Erfindung ist gemäß Art. 9 des Dekretes ein veräußerliches Rechtsgut.

In Ansehung der anerkannten Patente (unser Punkt 6) ist, soweit sie ausgeführt sind, die Gebühr zu zahlen, wobei angesichts des Umstandes, daß das neue, an Stelle des seinerzeit anerkannten erteilte Patent auf 15 Jahre seit Inkrafttreten des Patentdekretes gewährt wird, der früheste Zeitpunkt für die Gebührenberechnung unabhängig von der Zahl der Jahre, die das Patent schon vorher bestanden hat, der Tag des Inkrafttretens des Dekretes ist. Soweit das Patent nicht ausgeführt ist, wird zu seiner Ausführung eine Frist von 5 Jahren seit dem gleichen Tage gewährt.

In Ansehung der Geltungsdauer der auf Grund von Art. 4 der Einführungsverordnung erteilten Patente besteht eine gewisse Unstimmigkeit. Gemäß Abs. b) des Art. 4 gilt eine Beschränkung in Bezug auf Anmelde- und Schutzzeugnisse, die von Sowjetorganen bis zum Erlasse dieses Dekretes erteilt sind: In Abweichung von Art. 17 des Patentdekretes, wonach bei Vorhandensein unüberwindlicher Hindernisse für die Ausführung des Patentes das Komitee auf Antrag des Patentinhabers die Wirkung des Patentes um 5 Jahre verlängern kann, können die (auf Grund dieser Anmelde- und Schutzzeugnisse erteilten) Patente nicht verlängert werden. Die erwähnte Beschränkung ist nicht im Abs. c) enthalten, wo die Anmeldungen und Privilegien aus der Zeit vor der Sowjetherrschaft erörtert werden, auf die von einer Sowjetbehörde ein Patent zuerkannt oder gewährt worden war. Es liegt kein Grund dafür vor, diese Rechte günstiger zu stellen als die in Abs. b) genannten, denn die Privilegien aus der Zeit vor der Sowjetherrschaft haben schon in Wirksamkeit gestanden, und es besteht kein Anlaß, ihnen, ebenso wie den Anmeldungen aus der Zeit vor der Sowjetherrschaft, eine bevorzugtere Stellung einzuräumen als den Anmeldungen, die unmittelbar beim Sowjetkomitee gemacht sind. Die in Abs. b) des Art. 4 gegebene Beschränkung muß man auch auf Abs. c) desselben Artikels ausdehnen.

Was die erwähnte Gruppe von Anmeldungen und Patenten betrifft, so beginnt nach der allgemeinen Regel das Verfahren in dem Stadium, in dem es stehen geblieben war. Insbesondere nimmt dieses Verfahren in den von uns unter Ziffer 3 erwähnten Fällen seinen Anfang mit der entsprechenden Bekanntmachung und Auslegung (Art. 37). Die erteilten Schutzzeugnisse werden nicht in neue umgetauscht, denn nach Abs. b) des Art. 4 der Verordnung haben sie die Kraft von Anmeldezeugnissen. Soweit auf eine Anmeldung aus der Zeit vor der Sowjetherrschaft während der Sowjetperiode eine Ablehnung erfolgt ist (unsere Ziffer 5), wird die Frist für die Beschwerde wieder in Lauf gesetzt. Diese Frist beläuft sich gemäß Art. 39 auf 3 Monate seit Empfang der entsprechenden Benachrichtigung des Komitees, und bei Unbekanntheit des Anmelders — auf so lange Zeit, wie in der entsprechenden Bekanntmachung des Komitees festgesetzt wird. Falls die Beschwerde für begründet erachtet wird, verweist die Beschwerdeinstanz die Angelegenheit an die entsprechende Abteilung des Büros für die Neuheitsprüfung zurück, zwecks neuer Untersuchung in vollem Umfange oder zu einem Teil.

In Ansehung der von uns unter Ziffer 6 erwähnten Privilegien ist die Anerkennung als endgültige Entscheidung des Komitees über die Erteilung eines Patentes zu betrachten; eine solche wird auch nach Art. 40 des Dekretes erlassen. Was die von uns unter Ziffer 4 und 7 erwähnten Anmeldungen betrifft, so wird das Verfahren hier auf dem gewöhnlichen Wege durchgeführt.

„Auf Erfindungen, die zu Gunsten des Staates bis zum Erlaß des gegenwärtigen Dekretes enteignet sind, wird kein Patent erteilt“ (Art. 5 der Einführungsverordnung). Diese Bestimmung bezieht sich auf alle Akte der Veräußerung von Erfindungen, ohne

Unterschied, ob sie von der Sowjetregierung oder vor ihrer Zeit von der zaristischen oder provisorischen Regierung vorgenommen waren. Ist die Erfindung einmal in das Eigentum des Staates als dessen Monopol übergegangen, so besteht kein Anlaß, sie wieder zu denationalisieren.

> „Diejenigen, die eine in Art. 3 der gegenwärtigen Verordnung vorgesehene Erfindung in Gebrauch genommen haben, oder auf dem Gebiet der USSR die Vorbereitungen zu ihrer Benutzung vor der Veröffentlichung der Verordnung des Exekutiv-Komitees und des Rates der Volkskommissare über Erfindungspatente getroffen haben, behalten das Recht zur Benutzung der Erfindung auf Grund des Art. 16 des erwähnten Dekretes und in dem daselbst angegebenen Umfange“ (Art. 6).

Der Art. 6 spricht von denjenigen, die die Erfindung „in Gebrauch genommen“ haben, ohne das Erfordernis der „Gutgläubigkeit“ aufzustellen, wie dies Art. 16 tut; die Verweisung auf den letzteren Artikel bezieht sich nur auf die Konstruktion des erwähnten Rechtsinstituts und auf den Umfang des Benutzungsrechtes — bei Verschiedenheit des Rechtssubjektes in beiden Fällen. Nach Art. 6 der Einführungsverordnung kann Subjekt des Rechts jedermann sein, der bis zum Zeitpunkt der Veröffentlichung des Dekretes „die Erfindung in Gebrauch genommen hat“: Hier wird also der Grundsatz aufgestellt, daß die Benutzung der Privilegien und Schutzzeugnisse aus der Zeit vor der Revolution in demjenigen Zeitraum, während dessen sie jedes gesetzlichen Schutzes beraubt waren, zu einer gesetzlichen gemacht wird. Außer der erwähnten Kategorie von Benutzern können jedoch n a c h der Veröffentlichung des Dekretes andere auftreten, die in gutem Glauben die betreffenden Erfindungen bis zum Zeitpunkte ihrer zweiten Anmeldung benutzen; dies sind die Urheber identischer Parallelerfindungen. Wie wir oben gezeigt haben, schützt das Institut der Vorbenutzung unter der Voraussetzung der „Gutgläubigkeit“ des Rechtssubjektes die Parallelschöfung und setzt deshalb das Vorhandensein zweier unabhängiger identischer Erfindungen voraus.

Das Subjekt des Vorbenutzungsrechtes behält sowohl nach der Einführungsverordnung wie nach dem Dekret das Recht zur gewerblichen Verwertung der Erfindung ausschließlich für den Bedarf des Unternehmens, in dem die Erfindung zur Anwendung gelangte. Das erwähnte Recht kann auf andere Personen nur zusammen mit dem Unternehmen übergehen.

IV.

Rechte der Ausländer auf gewerbliches Eigentum in der USSR.

A. Bürgerliche Rechte der Ausländer.

Gemäß dem Beschluß der III. Sitzungsperiode des Zentralen Exekutivkomitees der USSR ist beim Präsidium des Zentral-Exekutivkomitees der USSR eine Kommission gebildet worden, deren Aufgabe die grundlegende Gesetzgebung in Bezug auf die Unionsbürgerschaft und die Rechte der Ausländer ist (Gesetzsammlung 1923 Nr. 113 Art. 1048).

Bis zur Fertigstellung eines solchen Gesetzes für die Union wird die Rechtsstellung der Ausländer in der RSFSR sowie in den mit ihr verbündeten Republiken (bei Vorhandensein eines allgemeinen Volkskommissariats für auswärtige Angelegenheiten) in erster Linie durch den Art. 8 der Verordnung des Allrussischen Zentral-Exekutivkomitees über die Einführung des bürgerlichen Gesetzbuches der RSFSR (in der Fassung der Verordnung des Allrussischen Zentral-Exekutivkomitees vom 23. November 1922) geregelt. Die Bestimmung lautet:

> „Die Rechte der Bürger ausländischer Staaten, mit denen die RSFSR diese oder jene Vereinbarung abgeschlossen hat, regeln sich nach den betreffenden Vereinbarungen. Soweit die Rechte der Ausländer nicht durch Vereinbarungen mit den betreffenden Regierungen und durch Spezialgesetze geregelt sind, können die Rechte der Ausländer auf freie Bewegung auf dem Gebiet der RSFSR, Wahl eines Berufs, Eröffnung und Erwerb von Handels- und Industrie-Unternehmungen, Erwerb dinglicher Rechte an Gebäuden und Grundstücken durch Verordnungen der zuständigen zentralen Regierungsorgane der RSFSR im Einverständnis mit dem Volkskommissariat für auswärtige Angelegenheiten geregelt werden.“

Aus dem klaren Sinn dieses Artikels ergibt sich:

a) soweit keine vom Gesetz angeordneten Beschränkungen bestehen, haben Ausländer die allgemeine bürgerliche Rechtsfähigkeit;

b) die einschlägigen Vereinbarungen mit auswärtigen Staaten begründen für deren Angehörige einen Kreis bürgerlicher Rechte, die im Wege der innerrussischen Gesetzgebung nicht beschränkt werden können.

Die Merkmale der vollen bürgerlichen Rechtsfähigkeit sind in Art. 5 des bürgerlichen Gesetzbuches gegeben. Er lautet:

„Jeder Bürger der RSFSR und der verbündeten Sowjet-Republiken hat das Recht, sich frei auf dem Gebiet der RSFSR zu bewegen und niederzulassen, Beschäftigungen und Berufe zu ergreifen, die nicht vom Gesetz verboten sind, Vermögen zu erwerben und zu veräußern, unbeschadet der gesetzlichen Beschränkungen Geschäfte abzuschließen und Verbindlichkeiten einzugehen, Industrie- und Handelsunternehmungen unter Beobachtung aller Vorschriften zu gründen, die die industrielle und Handelstätigkeit regeln und die Verwertung der Arbeitskraft schützen."

Hält man den Art. 4 des bürgerlichen Gesetzbuches mit Art. 8 der Einführungsverordnung zusammen, so bemerkt man, daß in Absatz 2 des Art. 8 diejenigen Gruppen von Rechten der Ausländer aufgeführt sind, die beschränkt werden können, soweit dies nicht durch besondere Uebereinkommen ausgeschlossen ist. Hierher gehört:

a) der freie Verkehr auf dem Gebiet der RSFSR,

b) die Wahl eines Berufes,

c) die Gründung und der Erwerb von Industrie- und Handelsunternehmungen,

d) der Erwerb dinglicher Rechte an Gebäuden und Grundstücken.

Ausgehend von dem allgemeinen Satz, daß keine Ausnahmebestimmung ausdehnend ausgelegt werden darf, muß man annehmen, daß die Aufzählung der Beschränkungen nach Art. 8 erschöpfend ist. Bis zum heutigen Tage sind solche Beschränkungen nicht erlassen worden, infolgedessen wird der in Rußland lebende Ausländer in Bezug auf seine bürgerlichen Rechte wie ein Bürger der USSR behandelt.

Soweit ein Ausländer im Auslande lebt, ist für seine Einreise in das Gebiet der USSR eine Erlaubnis erforderlich, die von der bevollmächtigten Vertretung der USSR im Auslande in Gestalt eines auf den Heimatpaß des Ausländers gesetzten Visums erteilt wird (Punkt 1 des Dekrets des Rates der Volkskommissäre vom 20. Oktober 1921). Alle in das Gebiet der RSFSR reisenden Ausländer außer denjenigen Personen, die mit besonderen diplomatischen Aufträgen oder in der Eigenschaft von Vertretern (diplomatischer und Handelsvertreter) eines Staates eintreffen, haben sich unverzüglich nach dem Eintreffen an ihrem Aufenthaltsort bei der Verwaltungsbehörde an diesem Orte eintragen zu lassen und den Antrag auf Erteilung der Aufenthaltserlaubnis zu stellen (Instruktion des Volkskommissariats für auswärtige Angelegenheiten vom 14. Februar 1921 Nr. 53).

Nach Empfang der gehörigen Aufenthaltserlaubnis darf der Ausländer auf dem Gebiet der USSR verkehren, Berufe und Beschäftigungen aufnehmen, die vom Gesetz nicht verboten sind, Geschäfte und Verbindlichkeiten eingehen, die vom Gesetz gestattet sind. Ein Ausländer, der in gesetzmäßiger Weise das Recht zum Betrieb eines gewerblichen Unternehmen oder zum Handelsbetriebe erlangt hat, untersteht den allgemeinen Gesetzen. In Bezug auf die gewerbliche Tätigkeit in der USSR ist hervorzuheben, daß es reine Staatsmonopole nur für die Gewinnung des Radiums (Verordnung des Rates für Arbeit und Verteidigung vom 1. April 1922) und für Santonin und Zitwersamen (Verordnung des Rates der Volkskommissare vom 27. November 1921) gibt. Im übrigen wird das Verfahren über die Genehmigung zu gewerblicher Tätigkeit ausführlich geregelt, wobei die Erlangung eines besonderen Zeugnisses der zuständigen Behörde zur Eröffnung eines gewerblichen Unternehmens erforderlich ist oder besondere Pachtbedingungen aufgestellt werden. Ein solches Genehmigungsverfahren oder besondere Pachtbedingungen sind unter anderm (die Aufzählung ist nicht vollständig) eingeführt: für alle Unternehmungen, in denen mehr als 20 Arbeiter beschäftigt sind; für Erschließung von Bodenschätzen, für alle Wälder — nach dem Waldgesetzbuch; für Anlagen zum Fischfang (Dekret vom 25. 11. 1922 des allrussischen Exekutivkomitees); für die Eröffnung einer Druckerei (Verordnung des Rates für Arbeit und Verteidigung vom 2. 12. 1922); für die Pacht von torfhaltigem Sumpf (die Verpachtung erfolgt durch das Volkskommissariat für Landwirtschaft; Dekret des Rates der Volkskommissare vom 17. Mai

1922); Verpachtung von Unternehmungen zur Mehlerzeugung (Dekret des Rates der Volkskommissare vom 6. 12. 1921); Verpachtung der Vorkommen von Gold und Platin (Dekret des Rates der Volkskommissare vom 31. 10. 1921); Verpachtung staatlicher Spiritusfabriken (Verordnung des Rates der Volkskommissare vom 14. 11. 1921); Verpachtung von Unternehmungen für polygraphische Produktion (Verordnung des Rates für Arbeit und Verteidigung vom 23. 11. 1921); Verpachtung von Zuckerfabriken (Verordnung des Obersten Volkswirtschaftsrats vom 13. 5. 1922): in allen diesen Fällen bestehen für Ausländer keinerlei Beschränkungen. In der Instruktion des Obersten Volkswirtschaftsrats über die Anwendung der Verordnung des Rates der Volkskommissare vom 5. Juli 1921 wird über das Verfahren bei der Verpachtung staatlicher Unternehmungen (Industriegesetzgebung Teil I, Ausgabe des Obersten Volkswirtschaftsrates — Anmerkung zu Art. 3) gesagt: „Ausländische Staatsangehörige werden zur Pacht ebenso wie russische Bürger zugelassen und die mit ihnen geschlossenen Verträge unterliegen den allgemeinen Regeln, die in der Verordnung über die Pacht und in der gegenwärtigen Instruktion vorgesehen sind.“

Die rechtliche Lage ausländischer juristischer Personen regelt die Anmerkung zu Art. 8 der Einführungsverordnung: „Ausländische Aktiengesellschaften, offene Handelsgesellschaften usw. erwerben die Rechte juristischer Personen in der RSFSR nur auf Grund einer besonderen Erlaubnis der Regierung.“ (Anm. 1); „Ausländische juristische Personen, die nicht die Erlaubnis zur Vornahme von Operationen in der RSFSR haben, genießen das Recht auf Schutz ihrer Ansprüche, die außerhalb der Grenzen der RSFSR entstanden sind und sich gegen Schuldner richten, die in ihrem Gebiet ansässig sind, nur auf Grundlage der Gegenseitigkeit“ (Anm. 2).

Der Handel ausländischer physischer und juristischer Personen mit Rußland, die sich im Auslande befinden und die nicht in Rußland eine Vertretung unterhalten wollen, vollzieht sich mit Rücksicht auf das in der USSR bestehenden Außenhandelsmonopol durch das Volkskommissariat für Außenhandel und seine Vertretungen im Auslande. Das Recht ausländischer juristischer Personen zum Betriebe des Handels in Rußland unter Eröffnung von Geschäftsstellen, Niederlassungen, Vertretungen und dergleichen daselbst regelt sich nach dem Dekret: „Ueber das Verfahren für die Zulassung ausländischer Firmen zur Vornahme von Handelsoperationen in der RSFSR" (Verordnung des Allrussischen Zentral-Exekutiv-Komitees und des Rates der Volkskommissare vom 12. April 1923 — Gesetzsammlung 1923 Nr. 31 Art. 345) mit der zugehörigen Instruktion „Ueber die Operationen und Vertretungen ausländischer Firmen in der RSFSR und der mit ihr verbündeten Republiken" vom 12. Mai 1923. In den Grundzügen stellt sich dieses Recht folgendermaßen dar: *) Unter einer ausländischen Firma ist jedes Einzel- oder Kollektiv-Unternehmen (Offene Handelsgesellschaft, Aktiengesellschaft und dergleichen) zu verstehen, das außerhalb der Grenzen der RSFSR und der mit ihr verbündeten Republiken gegründet ist und im Lande seines Sitzes sein Recht zur Handelstätigkeit in einer juristischen Form festgelegt hat (§ 1 der Instruktion). Ausländische Firmen, die in der RSFSR und den mit ihr verbündeten Republiken Handelsgeschäfte vornehmen oder Geschäftsstellen, Vertretungen und dergleichen errichten wollen, müssen ein entsprechendes Gesuch an das Volkskommissariat für Außenhandel richten und dabei eine ganze Reihe von Angaben machen, die das Unternehmen und die Art der Handelsoperationen kennzeichnen, die es in Rußland auszuführen beabsichtigt (§ 2 der Instruktion). Die Angaben sind mit entsprechenden Urkunden zu belegen (§ 3 der Instruktion). Alle Unterlagen werden an das Volkskommissariat für Außenhandel geleitet (§ 4 der Instruktion), das spätestens in Monatsfrist auf Grund des ihm vorliegenden Materials eine begründete Stellungnahme auf das Gesuch der ausländischen Firma abgeben und die ganze Angelegenheit mit seiner Stellungnahme an das Hauptkonzessionskomitee beim Rat der Volkskommissare weiterleiten muß, das die Angelegenheit im gewöhnlichen Verfahren prüft (§ 6 der Instruktion). Die Erlaubnis wird auf eine bestimmte Frist von einem bis zu drei Jahren erteilt; sie kann auch verlängert werden (§ 7). Wenn die Firma ihre Tätigkeit nicht binnen einer Frist von 3 Monaten nach Empfang der Erlaubnis beginnt, so verliert diese letztere ihre Kraft (§ 8). Staatlichen Anstalten, staatlichen Produktionsunternehmungen und ihren Vereinigungen, Kooperativorganisationen sowie Privatgesellschaften und -Personen wird bei Beobachtung der geltenden Gesetze über den Außenhandel der Abschluß von Geschäften des Außenhandels im Gebiet der RSFSR nur mit denjenigen Vertretungen ausländischer Firmen gestattet, die die erwähnte Erlaubnis erhalten haben (Art. 2 des Dekretes).

*) Im Anhang findet der Leser den vollständigen Text des Dekretes und der Instruktion dazu in Anbetracht ihrer besonderen Wichtigkeit.

Verstöße hiergegen werden strafrechtlich verfolgt (Art. 136 des Strafgesetzbuches der RSFSR bedroht die „Uebertretung der Verordnungen, die die Realisierung der staatlichen Monopole betreffen, mit Zwangsarbeit oder Freiheitsentziehung auf die Dauer von mindestens 6 Monaten“). Bürger der RSFSR (die nicht im Staatsdienste stehen), können die Vertretung zur Vornahme von Handelsgeschäften nur gegenüber solchen ausländischen Firmen übernehmen, die die vorgeschriebene Erlaubnis haben; Zuwiderhandlungen werden nach Art. 136 des Strafgesetzbuches bestraft (Art. 4 und 5 des Dekretes). Eine ausländische Firma, die die Erlaubnis zur Vornahme von Handelsoperationen in der RSFSR und den verbündeten Republiken erhalten hat, muß an den in der ihr erteilten Erlaubnis angegebenen Stellen ihre ständige Vertretung, Niederlassung, Geschäftsstelle usw. unterhalten, an deren Spitze eine besonders von der Firma bevollmächtigte Person stehen muß, die ihren ständigen Wohnsitz auf dem Gebiete der RSFSR oder der mit ihr verbündeten Republiken hat. Die betreffende Person muß unbeschränkte Vollmachten zur Vertretung der Firma haben, sowohl gegenüber der Regierung wie gegenüber Privatpersonen und in allen gerichtlichen und außergerichtlichen Angelegenheiten, die sich aus der Tätigkeit der Firma auf dem Gebiete der RSFSR und der mit ihr verbündeten Republiken ergeben; der Bevollmächtigte muß an seinem Aufenthaltsorte wegen aller Klagen in Anspruch genommen werden können, die sich auf im Gebiete der RSFSR und der mit ihr verbündeten Republiken vorgenommene Operationen stützen. Im Falle einer vorübergehenden Abwesenheit des Bevollmächtigten muß dieser berechtigt sein, seine Vollmachten auf einen Vertreter zu übertragen, und ist hierzu auch verpflichtet (§ 9 der Instruktion). Auf diese Weise genießen ausländische Firmen, die die Erlaubnis zur Eröffnung ihrer Geschäftstätigkeit in Rußland erhalten haben, das Recht einer juristischen Person und auf Grund desselben auch das Recht auf gerichtlichen Schutz.

Außer der Vornahme von Handelsgeschäften auf dem Gebiet der RSFSR können ausländische Firmen sich an der Gründung der gemischten Aktiengesellschaften beteiligen und Konzessionsverträge abschließen. Die Erlaubnis hierzu wird im gewöhnlichen Verfahren vom Hauptkonzessionskomitee erteilt und durch den Rat der Volkskommissare der USSR bestätigt (Verordnung über das Hauptkonzessionskomitee vom 21. August 1923 — Gesetzsammlung No. 96 Art. 952).

Ausländische Firmen, die eine Gemischte Aktiengesellschaft gründen, einen Konzessionsvertrag eingehen oder auf russischem Gebiet eine Vertretung, Niederlassung oder Geschäftsstelle errichten wollen, können sich an die bei der Berliner und Londoner Handelsvertretung errichteten Konzessionskommissionen wenden, die sich in allen derartigen Fragen mit dem Hauptkonzessionskomitee in Verbindung setzen. Zur Zuständigkeit der Berliner Konzessionskommission gehören: Die Prüfung von Konzessionsgesuchen, die aus den kontinentalen Ländern Europas eingehen, ebenso von Gesuchen über die Gründung Gemischter Aktiengesellschaften, die Führung von Verhandlungen mit Mitbewerbern, Aufklärung ihrer finanziellen und technischen Solidität sowie die Abgabe von Gutachten auf Anfragen des Hauptkonzessionskomitees. Dieselben Funktionen übt das Londoner Konzessionskomitee in Bezug auf die Mitbewerber in Großbritannien und Frankreich aus.

b) Patentrechte der Ausländer.

Ueber die Rechte der Ausländer enthält das Patentdekret folgende Bestimmung:

> „Ausländische Bürger genießen das Recht auf Verleihung eines Patentes auf die Erfindung ebenso wie die Bürger der USSR"; Art. 5.

Artikel 12 des Dekretes über gewerbliche Muster lautet analog:

> „Ausländische Bürger genießen das Recht auf Musterschutz auf Grund des gegenwärtigen Dekretes ebenso wie die Bürger der USSR. Zur Durchführung irgendeines Anspruches, der sich aus dem gegenwärtigen Dekret ergibt, müssen die außerhalb der Grenzen der USSR ansässigen Personen einen im Gebiet der USSR wohnhaften Vertreter bestellen" (Art. 12).

Die Bestimmung des Patentdekretes spricht von „Ausländern", aber nicht von juristischen Personen. Dies erklärt sich daraus, daß Art. 5 des Dekretes unmittelbar an die Bestimmungen der Art. 3 und 4 anschließt, die die Konstruktion der subjektiven Seite des Patentrechtes enthalten und den Kreis der Personen bestimmen, die das Recht auf Verleihung eines Patentes haben; die Art. 3 und 4 handeln von dem wirklichen Erfinder, von Miturhebern und dergleichen. Das Recht auf Verleihung des Patentes kann nach unserem Gesetz nur einer physischen Person zustehen; dieses Recht wird durch das Zusammentreffen der Momente der Autorschaft und der Bekanntmachung des Publikums mit dem

Geheimnis der Erfindung begründet. Das erwähnte Recht steht in gleicher Weise wie einem Bürger der Union so auch einem Ausländer zu. Wenn das Patentgesetz von Ausländern spricht, macht es keinen Unterschied zwischen Ausländern, die ihren Wohnsitz in der USSR haben, und solchen, die im Auslande ansässig sind, stellt vielmehr beide einander gleich.

Wie wir oben gesehen haben, enthält das bürgerliche Gesetzbuch der RSFSR keine Beschränkung von Ausländern in Bezug auf den Erwerb von Patentrechten; eine Beschränkung hätte im Patentdekret als dem Spezialgesetz ausgesprochen werden können, was jedoch, wie wir gesehen haben, gleichfalls nicht geschehen ist. Das Dekret spricht sogar im Gegenteil die Gleichberechtigung von Ausländern mit den Bürgern der Union in Bezug auf den Erwerb des Rechtes auf ein Patent aus.

Nach allgemeiner Erfahrung befindet sich weitaus die Mehrzahl der Patente, darunter diejenigen für die wichtigsten und größten Erfindungen, in der Hand juristischer Personen; die Entwicklung der Technik führt dazu, daß die wesentlichsten Erfindungen und Vervollkommnungen nur in großen kapitalistischen Unternehmungen möglich sind, und die letzteren gehören wirtschaftlichen Verbänden, Trusts und Syndikaten. Das Patentrecht entsteht in der Person des Erfinders (mit Ausnahme der Fälle, die in Art. 3 Abs. 1 Satz 2 betreffend Etablissementserfindungen vorgesehen sind) und geht in der Mehrzahl der Fälle auf die juristische Person über. Es entsteht also die Frage nach den Patentrechten ausländischer juristischer Personen, für die das Recht auf das Patent entstanden ist (Etablissementserfindung) oder auf die das Recht auf das Patent übergegangen ist (in der Mehrzahl der Fälle von einem ebenfalls ausländischen Erfinder, der in dem Unternehmen der betreffenden juristischen Person arbeitet oder angestellt ist — Art. 6 des Dekretes — oder ihr seine Erfindung vertraglich abgetreten hat). Alle Artikel, die die Patentrechte regeln, insbesondere die in dieser Beziehung grundlegenden Art. 9 und 10 des Dekretes, sprechen von dem „Patentinhaber", ohne irgendeine Beschränkung für ausländische physische oder juristische Personen zu enthalten.

Gemäß dem Dekret h a t der Patentinhaber das ausschließliche R e c h t, die ihm gehörige Erfindung im Gebiet der USSR auf gewerblicher Basis auszuführen (Art. 9), und gleichzeitig ist er v e r p f l i c h t e t, die Erfindung daselbst auszuführen bei Vermeidung der Rücknahme des Patentes infolge vorsätzlicher Nichtausführung (Art. 18). Die Ausübung des Rechtes und die Erfüllung der Verpflichtung kann auf zwei Wegen erfolgen:

a) der Patentinhaber führt selbst seine Erfindung aus, eröffnet oder pachtet eine entsprechende Fabrik- oder Laboratoriumsanlage, stellt die patentierten Gegenstände gewerblich her, verkauft sie und setzt sie ab usw. — das heißt, er nimmt auf dem Gebiet der USSR alle gewerblichen und Handelstätigkeiten vor, die zur allseitigen Ausnutzung der patentierten technischen Idee erforderlich sind, oder

b) der Patentinhaber führt die Erfindung nicht selbst aus, sondern gewährt staatlichen Anstalten oder Unternehmungen, Kooperativen oder Privatpersonen und -Gesellschaften Lizenzen auf vertraglicher Grundlage, indem er auf diese Weise die Vorteile aus seiner Erfindung zieht. Art. 18 des Dekretes betont ausdrücklich, daß die Pflicht des Patentinhabers zur Ausführung der Erfindung auch im Wege der Erteilung von Lizenzen erfüllt werden kann, wobei die Pflicht zur Ausführung der Erfindung auf die Lizenznehmer übergeht.

Ein ausländischer Patentinhaber (eine physische oder juristische Person) muß, soweit er beabsichtigt, seine Rechte auszuüben und seine Verpflichtung auf dem zweiten der angegebenen Wege zu erfüllen, einen entsprechenden Lizenzvertrag mit einer russischen Anstalt, Unternehmung oder Person abschließen. Es ergibt sich die Frage, inwieweit der mit einem Ausländer abgeschlossene Lizenzvertrag das Außenhandelsmonopol, jene Grundlage der wirtschaftlichen Verfassung der Republik, berührt. Seinem Wesen nach ist der Lizenzvertrag die rechtliche Uebereignung einer technischen Idee, die Gegenstand des Patentschutzes ist, zum Zweck ihrer allseitigen Ausbeutung gegen eine bestimmt vereinbarte Vergütung. In diesem Falle gehen alle Rechte auf gewerbliche Verwertung sowie alle daraus fließenden gewerblichen und Handelstätigkeiten auf den Lizenznehmer über (wir sprechen hier von einer vollständigen Lizenz; was die unvollständigen Lizenzen betrifft, so bleibt für den Ausländer, der seine Patentrechte in der angegebenen Weise zu verwerten beabsichtigt, nur die Möglichkeit, derartige unvollständige Lizenzen anderen russischen Anstalten und Unternehmungen zu gewähren); der Lizenzgeber behält jedoch das Recht auf eine Entschädigung, falls er eventuell verpflichtet ist, dem Lizenznehmer in Bezug auf die technische Seite der Verwertung der Erfindung (Aufstellung, Montage, entsprechende Anweisungen usw.) Hilfe zu leisten.

Der Lizenzvertrag berührt nicht das Prinzip der Konzessionspolitik. Gemäß Abs. a) des Art. 4 über „Die Errichtung eines Hauptkonzessionskomitees beim Rat der Volkskommissare" gilt als Konzession „ die Zulassung ausländischen Kapitals zu gewerblicher, kaufmännischer oder sonstiger wirtschaftlicher Tätigkeit auf dem Gebiete der RSFSR und der mit ihr verbündeten Republiken". Im vorliegenden Falle haben wir es nicht mit fremdländischem Kapital zu tun, das in das soziale Leben der Republik hineingeleitet wird, wobei seine zur Betätigung zugelassenen Eigentümer selbst auf dem Gebiet der RSFSR gewerbliche und Handelsfunktionen erfüllen, sondern um eine technische Erfindung, die unmittelbar das wirtschaftliche Leben bereichert, wobei die Anwendung der Erfindung im gewerblichen, kaufmännischen oder wirtschaftlichen Leben von russischen Anstalten, Unternehmungen und Einzelpersonen erfolgt. Nach ihrem Gegenstand sind deshalb ein Konzessions- und ein Lizenzvertrag durchaus verschieden.

Angesichts dessen kann auf einen Lizenzvertrag der oben zitierte Art. 2 des Dekretes des Allrussischen Zentral-Exekutiv-Komitees vom 14. April 1923 „Ueber das Verfahren für die Zulassung ausländischer Firmen zur Vornahme von Handelsoperationen" keine Anwendung finden, insofern er Geschäfte nur mit Vertretern solcher ausländischer Firmen zuläßt, die die in Art. 1 des Dekretes erwähnte Erlaubnis zur Vornahme von Handelsoperationen erhalten haben. Dazu, daß ein Lizenzvertrag mit ihr abgeschlossen werden kann, bedarf die ausländische Firma keiner besonderen Erlaubnis, denn der erörterte Vertrag ist, wie wir gezeigt haben, nicht ein „Geschäft des Außenhandels" und berührt materiell nicht die Grundlagen der Wirtschaftspolitik, da er sich ihr vollkommen einordnet.

Zum Abschluß eines Lizenzvertrages muß der Ausländer in erster Linie die staatliche Industrie der Republik berücksichtigen. Die Anmerkung zu Art. 10 des Patentdekretes bestimmt:

> „Das Verfahren beim Erwerb von Patenten durch staatliche Anstalten und Unternehmungen auf Grund von freiwilligen Vereinbarungen mit dem Patentinhaber wird durch eine Instruktion bestimmt, die vom OVWR der USSR ausgearbeitet und vom Rat für Arbeit und Verteidigung bestätigt wird."

Die Bestimmung spricht vom „Verfahren“, denn materiell steht nichts dem „Erwerb des Patentes“, d. h. dem Abschluß von Lizenzverträgen mit russischen oder ausländischen physischen Personen im Wege.

Ausländer, die ihren Wohnsitz im Auslande haben, sowie ausländische juristische Personen müssen zur Ausübung ihres Lizenzrechtes sowie zur Geltendmachung jedes Anspruches, der sich aus dem Patentdekret ergibt, soweit der Lizenzvertrag in Rußland abgeschlossen wird, einen Vertreter aus der Zahl der ständig in der USSR ansässigen Personen bestimmen (Art. 5). Eine analoge Bestimmung enthält Abs. 2 des Art. 12 des Dekretes über gewerbliche Muster.

Was den gerichtlichen Schutz auf Grund eines Lizenzvertrages betrifft, der von einem Ausländer mit einem staatlichen oder wirtschaftlichen Organ oder dem Pächter eines Staatsunternehmens geschlossen ist (ein solcher Vertrag muß nach dem klaren Sinne der Instruktion des Obersten Volkswirtschaftsrates über Pachtverträge vom zuständigen Organ des Obersten Volkswirtschaftsrates bestätigt werden), so kann, soweit der gerichtliche Schutz nicht ausdrücklich im Vertrage ausgeschlossen ist, die Frage nur in Bezug auf eine ausländische juristische Person entstehen, nämlich angesichts der Beschränkungen, die in der Anmerkung zu Art. 8 der Einführungsverordnung zum bürgerlichen Gesetzbuche enthalten sind; ein ausländischer Bürger ist, wie wir oben gesehen haben, bezüglich des Rechtes auf gerichtlichen Schutz eines gesetzmäßig erworbenen Rechtes nicht beschränkt.

Der Abschluß von Lizenzverträgen durch eine ausländische juristische Person, die Inhaber eines russischen Patentes ist, bildet eine besondere Art von Geschäften, die, wie wir gezeigt haben, keines der Merkmale einer gewerblichen oder Handelstätigkeit enthält. Soweit ein solcher Vertrag mit einer staatlichen Anstalt oder Unternehmung oder mit dem Pächter eines Staatsunternehmens unter Gutheißung durch das Organ des Obersten Volkswirtschaftsrates geschlossen ist, insoweit ist ein derartiger Vertragschließender für das vorliegende Rechtsgeschäft anerkannt und muß infolgedessen gerichtlichen Schutz für das fragliche Rechtsgeschäft (den Abschluß des Lizenzvertrages) und alle daraus entstehenden Rechtsfolgen genießen. Zum gleichen Ergebnis kommen wir auch durch Auslegung der Anmerkung 2 zu Art. 8. Soweit ein derartiger Lizenzvertrag im Auslande geschlossen ist, muß er unbedingt auf Grund der erwähnten Anmerkung gerichtlichen Schutz genießen, denn tatsächlich ist die Gegenseitigkeit mit den westeuropäischen Staaten verbürgt: Ein Vertrag, der, sagen wir, von einem deutschen Regierungsorgan mit einer juristischen Person in Moskau geschlossen ist, genießt in Deutschland gerichtlichen Schutz, wobei wir das Vorhandensein der tatsächlichen Gegenseitigkeit ohne das Vorliegen einer besonderen Vereinbarung für ausreichend erachten. Wenn jedoch der erwähnte Vertrag, der vom Standpunkt unseres Rechtes gesetzlich ist, in Moskau abgeschlossen wurde, soll er dann etwa des gerichtlichen Schutzes beraubt sein, wenn eine ausländische juristische Person als Vertragschließender auftritt? Das wäre etwas Undenkbares, denn soweit einem staatlichen Organ der Abschluß eines bestimmten Vertrages gestattet ist, kann der Schutz des letzteren nicht von dem Ort des Vertragschlusses, unter Bevorzugung des Auslandes hierbei, abhängig gemacht werden. Wir kommen also zu dem Ergebnis:

In Anbetracht des Umstandes, daß durch das Patentdekret eine ausländische juristische Person zum Erwerb eines Patentes und zu seiner Verwertung im Wege von Lizenzen zugelassen ist, genießt der Lizenzvertrag gerichtlichen Schutz ohne Rücksicht auf den Ort seines Abschlusses.

Eine Lizenz kann auch im Zwangswege begründet werden (Art. 18); der Ausspruch des Gerichts tritt hier an die Stelle eines Vertrages, indem er die Rechte und Verbindlichkeiten der Parteien regelt. Es liegt auf der Hand, daß eine ausländische juristische Person ihre Interessen auf gerichtlichem Wege insoweit schützen kann, als die andere Partei der gerichtlichen Entscheidung in Bezug auf die Zwangslizenz nicht nachkommt.

Das Gleiche läßt sich auch in Bezug auf die Veräußerung einer Erfindung sagen, die einer ausländischen juristischen Person gehört, sowie in Bezug auf die Begründung einer Zwangslizenz gemäß Art. 5 zu Gunsten einer staatlichen Anstalt oder Unternehmung: Die ausländische Firma genießt den Schutz zur Verwirklichung ihrer Rechte.

Anders steht die Sache, wenn ein Ausländer (ohne Unterschied physischer und juristischer Personen) seine Patentrechte auf dem Gebiete der USSR selbst zu verwirklichen beabsichtigt. In einem solchen Falle wird er in jeder Beziehung allen Vorschriften unterworfen, die in der USSR für eine derartige Tätigkeit bestehen. Soweit es sich um eine gewerbliche Tätigkeit zur Ausführung der Erfindung handelt, ist für ihn die Einholung einer entsprechenden Erlaubnis unumgänglich. Wenn jedoch der Ausländer die patentierten Gegenstände in die USSR einführen (nach Art. 18 ist gleichzeitig mit der Ausführung der Erfindung im Inlande in Gestalt einer beschränkten Lizenz auch die Einführung der patentierten Gegenstände aus dem Auslande zulässig) und mit ihnen auf dem Gebiete der USSR Handel treiben will, so muß er die Erlaubnis des Hauptkonzessionskomitees auf Grund des Dekretes des Allrussischen Zentral-Exekutiv-Komitees vom 12. April 1923 einholen. In allen diesen Fällen haben nach der ausdrücklichen Vorschrift der Dekrete ausländische juristische Personen bei Erteilung der entsprechenden Erlaubnis Anspruch auf gerichtlichen Schutz.

Wir kommen zur Frage der Nachahmungen. Art. 23 des Patentdekretes bestimmt:

> „Die Verletzung der Rechte der Erfinder sowie auch der Rechte der Patentinhaber wird strafrechtlich verfolgt. Die Verantwortlichkeit für Vermögensschaden bestimmt sich nach dem bürgerlichen Gesetzbuch der betreffenden Republiken“*).

Hinsichtlich des strafrechtlichen Schutzes hat die erwähnte Beschränkung für juristische Personen keine Bedeutung; denn erstens spricht zwar der erwähnte Art. 8 der Einführungsverordnung von den Rechten der Ausländer, doch kann er, da er in der Einführungsverordnung zum bürgerlichen Gesetzbuch enthalten ist, nur auf bürgerliche Rechte Anwendung finden; zweitens aber unterliegt nach Art. 1 des Strafgesetzbuches jede im Gebiet der RSFSR begangene strafbare Handlung den Rechtsfolgen nach diesem Strafgesetzbuch, und es sind keinerlei Ausnahmen für ausländische physische oder juristische Personen gemacht, die ein geschütztes Rechtsgut in der RSFSR besitzen. Deshalb kann also jeder Patentinhaber, darunter die ausländischen Gesellschaften, im Falle einer Nachahmung eine Anzeige gegen den Täter erstatten (die Strafandrohungen sind nach Art. 198 des Strafgesetzbuches Zwangsarbeit bis zu einem Jahre und Geldstrafe im dreifachen Betrage des aus der eigenmächtigen Benutzung erzielten Vorteils). Zum wirksamen Schutze des Patentes ist jedoch der

*) Bis zum Erlaß allgemeiner Gesetzbücher für die Union hat jede sozialistische Sowjet-Republik (RSFSR, die Ukraine, Transkaukasien) ihr eigenes Gesetzbuch.

strafrechtliche Schutz allein nicht ausreichend: Für den Patentinhaber ist es nicht so wesentlich, den Urheber der Nachahmung ins Gefängnis zu bringen, als von ihm eine angemessene Entschädigung zu erhalten — Patentangelegenheiten sind oft mit sehr bedeutenden materiellen Interessen verknüpft. Nun ist es wirklich unmöglich, bei Vorhandensein eines vom Gesetze geschützten Rechtsgutes seinem Besitzer strafrechtlichen Schutz (gemäß Satz 1 des Art. 23 des Dekretes) zu gewähren und ihm den wirksamsten, der Sachlage am meisten entsprechenden Schutz, den zivilrechtlichen (auf Grund des folgenden Satzes desselben Artikels) zu versagen. Hier liegt ein offenbarer Widerspruch vor, zu dessen Beseitigung der einzige Weg in der Annahme liegt, daß bei Klagen wegen Nachahmung auch der bürgerlich-rechtliche Schutz zugelassen wird, und zwar auch in dem Falle, daß der Patentinhaber eine ausländische juristische Person ist.

Es wäre hier noch zu bemerken, daß durch den Abschluß entsprechender internationaler Verträge die vorliegende Frage auf Grund des Abs. 1 des Art. 8 der Einführungsverordnung zum BGB eine direkte Lösung finden kann.

Unsere vorstehenden Ausführungen über die Rechte der Ausländer bei der Ausführung der ihnen von dem Dekret gewährten Patentrechte entsprechen den Interessen der russischen Volkswirtschaft. In dieser Beziehung können wir uns auf den allgemeinen Grundsatz des Art. 4 BGB berufen, wonach „die bürgerliche Rechtsfähigkeit zum Zwecke der Entwickelung der Produktionskräfte der RSFSR verliehen wird“. Die Ausführung von technisch neuen Erfindungen auf dem Gebiet der USSR dient aber in weitestem Maße dem angegebenen Zwecke.

Was die Bestimmung in Abs. 2 des Art. 5 des Dekretes betrifft, wonach außerhalb der USSR ansässige Personen ihre patentrechtlichen Ansprüche durch Vertreter, die innerhalb der USSR ansässig sind, ausüben müssen, so ist zu bemerken, daß die erwähnte Bestimmung nicht auf dem Nationalitätsprinzip, sondern auf dem Domizilprinzip beruht. Einen Vertreter braucht sowohl ein Bürger der Union wie ein Ausländer, wenn er außerhalb der USSR lebt; keinen Vertreter braucht ein Ausländer, der ständig auf dem Gebiet der USSR ansässig ist. Bis zum Erlaß eines Gesetzes über Patentanwälte hat das Recht zur Stellung eines Antrages auf Patenterteilung beim Komitee für Erfindungsangelegenheiten jede Person, die ständig auf dem Gebiet der USSR lebt, die in ihrer Rechts- und Geschäftsfähigkeit nicht beschränkt ist und der (soweit es sich um die Vertretung eines anderen handelt) auf Grund der allgemeinen gesetzlichen Bestimmungen die Uebernahme von Vertretungen in Patentangelegenheiten nicht untersagt ist. Soweit bestimmte Ansprüche vor Gericht geltend gemacht werden, können Vertreter nur die in Art. 16 BGB erwähnten Personen, d. h. in erster Linie Mitglieder der Anwaltskammern sein.

Der Vertreter muß ansässig sein, d. h. seinen Wohnsitz in der USSR haben; nach Art. 11 des bürgerlichen Gesetzbuches der RSFSR gilt als „Wohnsitz" der Ort, wo jemand infolge seiner Anstellung, ständigen Beschäftigung oder der Lage seines Besitzes ständig oder überwiegend seinen Aufenthalt in der USSR (bei Umherreisenden — sein Standquartier, sein Geschäftslokal und dergleichen) hat, wozu noch das subjektive Moment kommen muß, daß die betreffende Person ihren Aufenthalt als ständigen betrachtet. Von dem überwiegenden Aufenthalt ist ein, wenn auch langdauernder, so doch vorübergehender Aufenthalt zu unterscheiden, wobei die Person ihren vorzugsweisen Aufenthalt auf dem Gebiete eines anderen Staates hat.

Für den Begriff der Ansässigkeit ist nicht wesentlich der Geburtsort, der Ort, für den eine schriftliche Aufenthaltsgenehmigung erteilt ist usw. Die Frage der Ansässigkeit ist eine Tatfrage und wird vom Gericht auf Grund der konkreten Umstände jedes einzelnen Falles entschieden.

C. Warenzeichenrechte.

Art. 21 des Dekretes über Warenzeichen vom 10. November 1923 lautet:

> „Die Begründung des Warenzeichenrechtes für ausländische Unternehmungen, deren Inhaber die bürgerliche Rechtsfähigkeit in der RSFSR genießen, gemäß Art. 8 des Einführungsgesetzes zum BGB, erfolgt in dem gleichen Verfahren, wie für Unternehmungen der RSFSR."

Hieraus ergibt sich:

a) Unternehmungen, die in der RSFSR keine Rechtsfähigkeit besitzen, können bis zum Abschluß eines Vertrages mit dem in Frage kommenden Staat ihre Warenzeichen nicht anmelden, und

b) Unternehmungen, die die Rechtsfähigkeit besitzen, müssen zum Schutze ihrer Warenzeichen dieselben in dem für die RSFSR vorgeschriebenen Verfahren eintragen lassen.

Die Frage der Rechtsfähigkeit entscheidet sich auf Grund des oben erörterten Art. 8 der Einführungsverordnung zum BGB nebst Anmerkung. Nach unseren Ausführungen haben die einzelnen Ausländer Anspruch auf Schutz ihrer Warenzeichen in gleicher Weise wie die Bürger der USSR, denn das Recht zum Erwerb eines Warenzeichens durch Eintragung unterliegt mit Rücksicht auf die erschöpfende Aufzählung in Art. 8 keiner Beschränkung. So ist übrigens auch die Auffassung des Volkskommissariats für auswärtige Angelegenheiten. In seiner Note vom 18. August 1923 an die englische Handelsvertretung teilt das Volkskommissariat für auswärtige Angelegenheiten mit:

„Auf die Note vom 26. 4. d. J. Nr. 143 beehrt sich das Volkskommissariat für auswärtige Angelegenheiten, der englischen Handelsmission mitzuteilen, daß Art. 8 des Einführungsgesetzes zum bürgerlichen Gesetzbuch, auf den sich die Verordnung des Rates der Volkskommissare vom 10. November 1922 über Warenzeichen stützt, nur die Möglichkeit der Beschränkung einzelner Rechte von Ausländern vorsieht, soweit diese Rechte nicht in vertraglichen Vereinbarungen zwischen der USSR und den betreffenden Staaten geregelt sind. Bis zum gegenwärtigen Zeitpunkte sind solche Beschränkungen überhaupt nicht erlassen worden, und englische Staatsangehörige genießen in Bezug auf den Schutz von Warenzeichen gleiche Rechte mit den russischen Bürgern“. *)

Was ausländische juristische Personen betrifft, so bestehen in Bezug auf sie die Beschränkungen, die in der Anmerkung 1 zu Art. 8 enthalten sind. Nur Firmen, die die bürgerliche Rechtsfähigkeit auf Grund eines Konzessionsvertrages oder auf Grund des oben erläuterten Dekretes „Ueber das Verfahren für die Zulassung ausländischer Firmen zur Vornahme von Handelsoperationen im Gebiete der RSFSR“ erworben haben, können ihre Warenzeichen eintragen lassen. Es erhebt sich die Frage, ob einzelne Firmen, die einem bestimmten Syndikat oder Trust beigetreten sind, das Recht auf Eintragung ihrer Warenzeichen haben, wenn das Syndikat mit der USSR einen Konzessionsvertrag geschlossen hat. Auf diese Frage gibt das Hauptkonzessionskomitee die folgende Antwort: „Es muß angenommen werden, daß die genannten (österreichischen) Firmen, die dem österreichisch-russischen Industriesyndikat beigetreten sind, mit dem die Regierung der USSR einen Konzessionsvertrag geschlossen hat, das Recht zur Vornahme von Handelsoperationen in der USSR erworben haben. Deshalb haben

*) Es muß aber ausdrücklich bemerkt werden, daß die Frage der entsprechenden Praxis noch nicht geklärt ist.

diese Firmen auf Grund der Anmerkung 1 zu Art. 8 des Einführungsgesetzes zum BGB und des Art. 21 des Gesetzes vom 10. 11. 1922 über Warenzeichen Anspruch auf Schutz ihrer Warenzeichen und auf Registrierung derselben im vorgeschriebenen Verfahren" (Aeußerung des Hauptkonzessionskomitees vom 27. 11. 1923 unter Nr. 6464 an das Komitee für Erfindungsangelegenheiten).

In der neu aufblühenden russischen Klein- und Hausindustrie zeigt sich eine bestimmte Neigung zur Verwendung ausländischer, wohlbekannter Warenzeichen für ihre Erzeugnisse, wobei eine geringe Aenderung des ausländischen Warenzeichens vorgenommen wird. So will eine hausindustriell betriebene Parfümerie-Fabrik das Wortzeichen „Coli" eintragen, in Anbetracht seiner Aehnlichkeit mit dem weltbekannten Zeichen „Coty"; von einem russischen Laboratorium wird eine „Pudre Simon" angemeldet, angesichts der Aehnlichkeit mit der bekannten französischen Firma „J. Simon"; eine unbedeutende Fabrik meldet das Zeichen „G. M. C." an, das dem Zeichen „D. M. C." der ausländischen Firma Dollfus, Mieg & Co. ähnlich ist; für Zwirnsfäden wird die Zeichnung einer Glocke angemeldet, die dem entsprechenden Zeichen einer ausländischen Firma gleicht; oder von einer Fabrik für Waschblau wird eine Zeichnung angemeldet, die dem Warenzeichen einer ausländischen Firma mit dem davor gesetzten Worte „As" (As Colmans Azure) ähnlich sieht, wobei die russische Firma seitlich in kleiner Schrift angegeben wird, usw. usw. In allen diesen Fällen gibt das Komitee unter Berufung auf Abs. d) des Art. 4 des Warenzeichendekretes („Nicht gestattet ist die Benutzung von Warenzeichen . . . d) die unwahre oder irreführende Angaben enthalten") den russischen Anmeldern einen abschlägigen Bescheid. Hierbei kann das Komitee natürlich nur solche ausländischen Warenzeichen berücksichtigen, die ihm bekannt sind. Ausgehend von den Interessen des russischen Verbrauchers nimmt das Komitee für Erfindungsangelegenheiten auch Anmeldungen von ausländischen Firmen entgegen, die noch nicht die bürgerliche Rechtsfähigkeit genießen, wobei in Erledigung derartiger Anmeldungen das Komitee mitteilt, daß „bis zum Erwerb der Rechte einer juristischen Person durch die ausländische Firma in der USSR die von einer solchen Firma angemeldeten Warenzeichen lediglich zur Kenntnis genommen werden können". Auf Anfrage des Verfassers an das Komitee, wie diese Formel aufzufassen ist, hat das Komitee (Aeußerung vom 12. Mai 1924 Nr. 2713/691) geantwortet, daß für derartige ausländische Warenzeichen „das Datum der entsprechenden Anmeldung für den Fall festgelegt wird, daß in Zukunft eine sachliche Prüfung der Frage möglich werden sollte, und daß außerdem das Komitee in gewissem Grade die von ausländischen Firmen angemeldeten Warenzeichen als Informationsmaterial bei der Entscheidung über die Frage der Eintragung von Zeichen für die entsprechende Art von Waren betrachtet". Angesichts der übereinstimmenden Interessen des russischen Konsumenten und der ausländischen Firma wird der letzteren im Falle des Eingangs eines Registrierungsantrages auf diese Weise die „Priorität" gesichert, denn bei einer entsprechenden Anmeldung seitens eines russischen oder eines anderen ausländischen Unternehmers wird diesen in Ansehung eines Zeichens, das die betreffende ausländische Firma schon früher zu benutzen begonnen hatte, eine abschlägige Antwort erteilt werden.

Die neueste Praxis des Komitees für Erfindungsangelegenheiten gibt ausländischen Firmen die Möglichkeit, bis zum Abschluß von Staatsverträgen Anmeldungen vorzunehmen, und von dieser Möglichkeit sollte weitgehendster Gebrauch gemacht werden, da andernfalls Gefahr besteht, daß sich nach Abschluß des Vertrages die bereits für andere Anmelder erfolgte Eintragung ihrer Zeichen herausstellt.

Dekret des Zentral-Exekutiv-Komitees und des Rates der Volkskommissare der Union Sozialistischer Sowjet-Republiken über

Erfindungspatente.

Erste Abteilung.

Rechte und Pflichten des Erfinders.

Art. 1. Patente werden erteilt auf neue Erfindungen, die eine gewerbliche Verwertung zulassen.

Patente werden nicht erteilt auf Heil-, Nahrungs- und Genußmittel sowie auf solche Stoffe, die auf chemischem Wege erzeugt sind. Dagegen werden Patente auf neue Verfahren zur Herstellung solcher Stoffe verliehen.

Patente werden nicht erteilt auf Erfindungen, deren Anwendung dem Gesetze zuwiderlaufen würde.

Art. 2. Eine Erfindung gilt nicht als neu, wenn sie zur Zeit ihrer Anmeldung im Gebiete der USSR oder im Auslande ganz oder in ihren wesentlichen Teilen derart offenkundig in einer Druckschrift beschrieben war oder angewendet wurde, daß sie von einem Sachverständigen nachgemacht werden konnte.

Art. 3. Das Recht, ein Erfindungspatent zu erhalten, hat der wirkliche Erfinder oder sein Rechtsnachfolger. Wenn die Erfindung in einem Unternehmen oder einer Organisation gemacht ist, und nicht bestimmten Personen als ihren Urhebern zugeschrieben werden kann, so steht das Recht auf das Patent dem Unternehmen oder der Organisation zu.

Die Anmeldung zwecks Erteilung eines Patentes muß die Versicherung enthalten, daß der Anmelder der wirkliche Erfinder ist. Wenn jedoch der Anmelder angibt, daß eine andere Person der Erfinder ist, so muß er Beweise dafür beibringen, daß das Recht auf das Patent auf ihn übergegangen ist; das in diesem Falle erteilte Patent wie auch die Veröffentlichungen des Komitees für Erfindungsangelegenheiten (Art. 34, 40) müssen den Namen des wirklichen Erfinders gleichzeitig mit dem Namen des Patentinhabers angeben.

Art. 4. Wenn mehrere Personen von einander unabhängig ihr Recht auf ein Patent für die gleiche Erfindung beweisen, so wird das Patent demjenigen von ihnen erteilt, der zuerst auf dem vorgeschriebenen Wege die Erfindung angemeldet hat.

Wenn mehrere Anmeldungen auf eine Erfindung in vorgeschriebener Form an dem gleichen Tage erfolgt sind, so erteilt das Komitee für Erfindungsangelegenheiten, soweit den Anmeldern nach seiner Ansicht das Recht auf ein Patent zusteht, das Patent auf ihren gemeinsamen Namen, falls zwischen den Anmeldern nicht in dieser Beziehung eine andere Vereinbarung zustande kommt.

Personen, die eine Erfindung gemeinsam gemacht haben, haben Anspruch auf ein Patent auf ihren gemeinsamen Namen ohne Bestimmung ihrer gegenseitigen Beziehungen in der Patenturkunde.

Ein Patent kann auch dann auf den gemeinsamen Namen mehrerer Personen erteilt werden, wenn einige von ihnen bei der Ausgestaltung der Erfindung nur durch Leistung wesentlich unentbehrlicher technischer Hilfe mitgewirkt haben, worauf auch in der Patenturkunde hinzuweisen ist.

Die Beziehungen zwischen den Teilhabern eines Patentes, das auf gemeinsamen Namen erteilt ist, werden durch eine angemessene Vereinbarung zwischen ihnen bestimmt.

Art. 5. Ausländische Bürger genießen das Recht auf Erteilung eines Erfindungspatentes in gleicher Weise wie die Bürger der USSR.

Zur Durchführung irgendeines Anspruches, der sich aus dem gegenwärtigen Dekret ergibt, müssen die außerhalb des Gebietes der USSR ansässigen Personen einen in der USSR ansässigen Vertreter bestellen.

Art. 6. Ein Erfinder, der zur Zeit, als er die Erfindung machte, in einem Unternehmen arbeitete, behält das Recht auf Erteilung des Patentes auf seinen Namen. Ein Vertrag mit dem Eigentümer des Unternehmens über den Verzicht auf das Recht auf die künftige Erfindung ist unwirksam, wenn die Gewinnung der Erfindung nicht in den Bereich der Dienstverpflichtungen des Erfinders fällt.

Das Recht auf die Erteilung des Patentes für eine Erfindung, die von dem Erfinder in Verbindung mit seiner Arbeit in einem Unternehmen gemacht wurde, geht auf den Eigentümer des Unternehmens über, wenn die Tätigkeit des Erfinders auf Grund seiner Dienstverpflichtungen gerade auf die Gewinnung von Erfindungen dieser Art gerichtet sein mußte, worüber eine schriftliche Vereinbarung getroffen war, und wenn dabei die Erfindung nicht über den Kreis der ihm von dem Unternehmen gestellten Aufgaben hinausgeht.

Art. 7. Der wirkliche Erfinder hat in allen Fällen das Recht darauf, daß sein Name als des Urhebers der Erfindung in dem für seine Erfindung erteilten Patent erwähnt wird.

Wenn das Patent auf den Namen eines Rechtsnachfolgers ohne Angabe des Namens des wirklichen Erfinders erteilt wurde, so behält der letztere das Recht, zu verlangen, daß sein Name als des wirklichen Erfinders von dem Komitee für Erfindungsangelegenheiten veröffentlicht wird.

Art. 8. Wenn eine Erfindung von einer Person angemeldet wurde, die nicht das Recht auf ein Patent für die betreffende Erfindung hat, so kann die wirklich auf das Patent berechtigte Person im Laufe der ganzen Dauer des Patenterteilungsverfahrens bei dem Komitee für Erfindungsangelegenheiten eine Erklärung der Anmeldung für ungültig beantragen, und sie hat auch das Recht, binnen 3 Jahren seit dem Tage der Veröffentlichung des Patentes eine gerichtliche Klage auf Nichtigerklärung des Patentes einzureichen. Beim Eintritt der Rechtskraft der Entscheidung des Komitees für Erfindungsangelegenheiten oder der gerichtlichen Entscheidung, durch die die Anmeldung oder das Patent für nichtig erklärt werden, gilt der erwähnte Antrag oder die Klage seitens des wirklich Berechtigten als gleichbedeutend mit einer Anmeldung der Erfindung mit Priorität von dem Tage der hierdurch angefochtenen und für nichtig erklärten Anmeldung, vorausgesetzt, daß binnen einer Frist von 3 Monaten darauf alle für eine Anmeldung erforderlichen Angaben und Dokumente beigebracht werden.

Art. 9. Der Patentinhaber hat das ausschließliche Recht, die ihm gehörige Erfindung im Gebiet der USSR gewerblich zu verwerten und zwar insbesondere sie herzustellen, zu verkaufen, in den Verkehr zu bringen oder überhaupt den Gegenstand der Erfindungen zu gewerblichen Zwecken zu verwenden. Die Wirkung eines Verfahrenspatentes erstreckt sich auch auf alle Erzeugnisse, die unmittelbar durch dieses Verfahren erhalten worden sind.

Art. 10. Der Patentinhaber kann das Patent in vollem Umfange oder mit Einschränkung seiner Wirksamkeit veräußern und dasselbe auch vererben, wobei das Patent nicht in den Bestand der Erbmasse fällt. Er kann auf Grund seines Patentes eine Lizenz (Erlaubnis) zur Benutzung des Patentes in einer bestimmten Richtung erteilen. Wenn das Patent mehreren Personen gehört, so können sie eine Veräußerung oder die Erteilung einer Lizenz nur gemeinsam vornehmen. Die Veräußerung des Patentes und die Begründung von Lizenzen treten erst mit dem Tage der Eintragung dieses Vorganges in das Patentregister in Kraft.

A n m e r k u n g : Das Verfahren beim Erwerb von Patenten durch staatliche Anstalten und Unternehmungen auf Grund von freiwilligen Vereinbarungen mit dem Patentinhaber wird durch eine besondere Instruktion bestimmt, die vom OVWR der USSR ausgearbeitet und vom Rat für Arbeit und Verteidigung (RAV) bestätigt wird.

Art. 11. Jeder von den Inhabern eines gemeinsamen Patentes hat das selbständige Recht zur Klage wegen Verletzung des Patentes.

Personen, die Lizenzen an dem Patent erworben haben, haben gleichfalls das selbständige Recht zur Klage wegen Patentverletzung, wenn in dem Lizenzvertrag nichts anderes verabredet ist.

Art. 12. Der Patentinhaber kann während der ganzen Gültigkeitsdauer des Patentes verlangen, daß ihm ein Zusatzpatent für eine Erfindung erteilt wird, durch welche die von dem Stammpatent geschützte Erfindung vervollkommnet oder weiter entwickelt wird.

Art. 13. In Ermangelung einer anderweitigen Vereinbarung geht das Zusatzpatent auf den Rechtsnachfolger des Stammpatentes als Zubehör des letzteren ohne besondere Vergütung über.

Das Zusatzpatent erlischt gleichzeitig mit dem Untergange des Stammpatentes, ausgenommen, wenn das Stammpatent aus Gründen für nichtig erklärt wird, die das Zusatzpatent nicht berühren. In diesem Falle kann der Inhaber des letzteren im Verlaufe von 6 Monaten nach Eintritt der Rechtskraft der Entscheidung den Antrag auf Umwandlung des Zusatzpatentes in ein selbständiges Patent stellen. Ein solcher Antrag gilt als Anmeldung der Erfindung mit der Priorität ihrer ersten Anmeldung als Zusatzerfindung.

Art. 14. Ein Patent auf eine Erfindung, die eine andere, durch ein bereits erteiltes Patent geschützte Erfindung vervollkommnet oder abändert, kann einem anderen Erfinder erteilt werden, jedoch erst nach Ablauf eines Jahres seit dem Tage der Bekanntmachung dr Erteilung des ersten Patentes, auch wenn die Anmeldung im Laufe dieses Jahre erfolgt ist. Der Inhaber des ersten Patentes einerseits und derjenige, der ein Patent für die Vervollkommnung oder Abänderung der Erfindung erhalten hat, andererseits können diese Abänderung oder Vervollkommnung nur im gegenseitigen Einverständnis verwenden.

Art. 15. Das Patent auf eine Erfindung, die sich auf die Landesverteidigung bezieht, oder eine besonders wichtige Bedeutung für das Land hat, kann in Ermangelung einer freiwilligen Einigung zu Gunsten des Staates durch eine, in jedem einzelnen Falle besonders zu erlassende Anordnung des RAV zwangsweise enteignet werden.

Zu Gunsten staatlicher Anstalten und Unternehmungen kann gegen entsprechende Vergütung eine Zwangslizenz nach Maßgabe des Bedürfnisses der Anstalten oder Unternehmungen zur Zeit der Begründung der Lizenz festgesetzt werden.

Die allgemeinen Bedingungen und das Verfahren bei der Zwangsenteignung von Patenten oder der Begründung von Zwangslizenzen, ihre Abschätzung und die Zahlung der Vergütung werden durch die Regeln bestimmt, die dem gegenwärtigen Dekret beigefügt sind (Anlage 1).

Anmerkung: 1.) Das Komitee für Erfindungsangelegenheiten macht dem militärischen Revolutionsrat (MRR) der USSR von jeder bei ihm eingehenden Anmeldung einer Erfindung, die sich auf die Landesverteidigung bezieht, sofort Mitteilung.

2.) Die Veräußerung von Erfindungen, die sich auf die Landesverteidigung beziehen, ins Ausland, wird jeweils auf Grund einer besonderen Entscheidung des MRR der USSR zugelassen.

3.) Die Form des Mitwirkens des MRR der USSR bei den Arbeiten des Komitees für Erfindungsangelegenheiten in Bezug auf Erfindungen, die in der Anmerkung 1 zu diesem Artikel erwähnt sind, wird durch eine besondere Vereinbarung zwischen dem MRR der USSR und dem OVWR der USSR geregelt.

Art. 16. Wer bis zur Bekanntmachung der Erteilung des Anmeldezeugnisses für eine Erfindung in gutem Glauben diese Erfindung in einem gewerblichen Unternehmen angewandt oder alle dazu notwendigen Vorbereitungen im Gebiet der USSR getroffen hat, behält das Recht zur gewerblichen Verwendung der Erfindung ausschließlich für den Bedarf des Unternehmens, in dem die Erfindung angewandt wurde. Das angegebene Recht kann auf einen anderen nur gleichzeitig mit dem erwähnten Unternehmen übergehen.

Art. 17. Ein Patent wird für eine Dauer von 15 Jahren seit seiner Veröffentlichung (Art. 40) erteilt, wobei seine Wirkung sich auch auf den Zeitraum seit der Erteilung des Anmeldezeugnisses bis zur Veröffentlichung des Patentes erstreckt. Falls in dieser Frist unüberwindliche Hindernisse der Ausführung des Patentes entgegentreten, kann das Komitee für Erfindungsangelegenheiten auf ein entsprechendes Gesuch des Patentinhabers und nach Beibringung gehöriger Beweise durch ihn die Wirkungsdauer des Patentes entsprechend verlängern, jedoch nicht um länger als 5 Jahre, worüber eine besondere Bekanntmachung zu erfolgen hat.

Art. 18. Der Patentinhaber ist verpflichtet, seine Erfindung im Gebiete der USSR persönlich oder durch Erteilung von Lizenzen (Art. 10) auszuführen.

Eine Erfindung gilt für ausgeführt im Gebiete der USSR, wenn ihr Gegenstand binnen 5 Jahren seit dem Augenblick der Patenterteilung im Gebiete der USSR in einer Form hergestellt ist, die eine gewerbliche Verwertung zuläßt.

Wenn weder der Patentinhaber noch ein Lizenzinhaber die Erfindung in der angegebenen Frist im Gebiete der USSR ausgeführt haben, so ist jede interessierte Körperschaft oder Einzelperson berechtigt, ein Verfahren vor dem Komitee für Erfindungsangelegenheiten zwecks Erteilung einer Zwangslizenz einzuleiten, für die das Maß der Vergütung gerichtlich festgesetzt wird. Wenn vor dem Gericht der Nachweis geführt wird, daß die Nichtausführung auf Vorsatz beruhte, so wird einem solchen Patentinhaber das Patent durch gerichtliche Entscheidung entzogen.

Art. 19. Von dem Patentinhaber wird vom Augenblick der Ausführung der Erfindung auf dem Gebiete der USSR (Art. 18) eine Jahresgebühr erhoben, deren Höhe und Erhebungsweise durch die dem gegenwärtigen Dekrete beigefügten Regeln bestimmt werden (Anlage 2). Arbeiter und Angestellte, die nicht der Einkommensteuer unterliegen, und andere mittellose Erfinder haben das Recht auf Stundung oder ratenweise Zahlung der Gebühr binnen einer Frist, die von dem Komitee für Erfindungsangelegenheiten nach Maßgabe der Dauer des Patentes bestimmt wird.

Personen, die eine Lizenz für ein bestimmtes Patent haben, können für den Patentinhaber die Gebühr zahlen, wodurch sie das Recht erlangen, von dem Patentinhaber daraufhin die für ihn verauslagte Gebühr zurückzufordern.

Anmerkung: Der Patentinhaber hat spätestens binnen eines Monats seit der Ausführung der Erfindung (Art. 18) das Komitee für Erfindungsangelegenheiten schriftlich hiervon zu benachrichtigen.

Art. 20. Die Wirkung des Patentes erlischt:

a) durch Ablauf der Frist, für die es erteilt ist, soweit die Frist nicht verlängert wurde;

b) auf Anordnung des Komitees für Erfindungsangelegenheiten, falls die festgesetzte Gebühr nicht fristmäßig entrichtet wird, soweit dieselbe nicht gestundet oder Ratenzahlung gestattet ist;

c) auf Anordnung des Komitees für Erfindungsangelegenheiten, falls der Patentinhaber ihm seinen Verzicht auf seine Rechte anmeldet; sind mehrere Patentinhaber vorhanden, oder sind für das Patent freiwillige oder Zwangslizenzen erteilt, so bedarf es eines Verzichtes, der von Seiten aller Patentinhaber und Lizenzberechtigten angemeldet wird;

d) auf Grund gerichtlicher Entscheidung im Falle vorsätzlicher Nichtausführung der Erfindung (Art. 18).

Anmerkung: Der Tod des Patentinhabers oder Lizenzberechtigten bringt die Wirkung des Patentes oder der Lizenz nicht zum Erlöschen, und alle Rechte auf Grund derselben werden von ihren Rechtsnachfolgern während der Wirkungsdauer des Patentes oder der Lizenz ausgeübt.

Art. 21. Ein Patent wird im gerichtlichen Verfahren auf Antrag der beteiligten physischen oder juristischen Personen für nichtig erklärt, wenn festgestellt wird:

a) daß die Erfindung wegen Mangels der erforderlichen Bedingungen gemäß Art. 1 und 2 dieses Dekretes nicht patentfähig war;

b) daß derjenige, der die Erfindung zur Patentierung angemeldet hat, nicht der wirkliche Erfinder oder sein Rechtsnachfolger ist.

Anmerkung: Wenn die angegebenen Bedingungen in Ansehung des Patentes nur bei einem bestimmten Teile desselben zutreffen und wenn dieser Teil von dem übrigen Inhalt des Patentes gesondert werden kann, so kann ausgesprochen werden, daß das Patent nur zu dem entsprechenden Teil nichtig ist.

Art. 22. Den Urhebern von Erfindungen, deren Gegenstand auf einer Ausstellung im Gebiete der USSR ausgestellt ist, und ihren Rechtsnachfolgern kann durch eine besondere Verordnung des Rates der Volkskommissare oder des Rates für Arbeit und Verteidigung der USSR für jede Ausstellung — ungeachtet der Veröffentlichung, Bekanntgabe oder Anwendung der Erfindung, die aus der Darbietung des Gegenstandes der Erfindung auf der Ausstellung folgen könnte — das Recht zur Erlangung eines gültigen Patentes auf Grund einer Anmeldung eingeräumt werden, die in vorgeschriebener Form binnen 6 Monaten seit dem Tage der Eröffnung der Ausstellung eingereicht wird. Eine solche Anmeldung besitzt die Priorität vor anderen Anmeldungen, die beim Komitee für Erfindungsangelegenheiten nach demjenigen Tage eingereicht werden, von dem an der Gegenstand der Erfindung in dem Ausstellungsgebäude zur Besichtigung ausgestellt war.

Art. 23. Die Verletzung der Rechte des Erfinders sowie der Rechte der Patentinhaber wird im Wege des Strafverfahrens verfolgt. Die Verantwortlichkeit für den Vermögensschaden bestimmt sich nach dem bürgerlichen Gesetzbuch der betreffenden Republiken.

Zweite Abteilung.

Über das Komitee für Erfindungsangelegenheiten beim Obersten Volkswirtschaftsrat der USSR.

Art. 24. Die Erteilung von Patenten auf Erfindungen und von Zeugnissen über das Recht zur ausschließlichen Benutzung von Modellen, Fabrikzeichnungen und Warenzeichen wird bei einer einheitlichen zentralen Staatsbehörde für das Gebiet der USSR vereinigt, dem Komitee für Erfindungsangelegenheiten beim Obersten Volkswirtschaftsrat der USSR. Das Komitee behandelt auch die Angelegenheiten, die sich auf die Wirksamkeit und das Erlöschen der Patente und Schutzzeugnisse beziehen, soweit die Erledigung solcher Angelegenheiten durch das Komitee in dem gegenwärtigen Dekret angeordnet wird.

Art. 25. Das Komitee ist unmittelbar dem Präsidium des Obersten Volkswirtschaftsrates der USSR unterstellt und übt seine Tätigkeit auf Grund einer vom Rat für Arbeit und Verteidigung bestätigten Geschäftsordnung aus. An der Spitze des Komitees stehen der Präsident und sein Stellvertreter, die vom Rat für Arbeit und Verteidigung auf Vorschlag des Präsidiums des Obersten Volkswirtschaftsrates der USSR ernannt werden. Die Mitglieder des Komitees werden vom Präsidium des Obersten Volkswirtschaftsrates der USSR auf Vorschlag des Präsidenten des Komitees aus dem Kreise der Personen mit entsprechender technischer und juristischer Vorbildung ernannt.

Art. 26. Die verbündeten und autonomen Republiken können in Verbindung mit den entsprechenden Volkswirtschaftsräten besondere Büros zur Entgegennahme von Anmeldungen auf Erfindungen einrichten. Die Büros erteilen Quittungen über die Entgegennahme der Anmeldungen.

Die Büros haben die von ihnen entgegengenommenen Anmeldungen dem Komitee für Erfindungsangelegenheiten beim Obersten Volkswirtschaftsrat der USSR binnen einer Woche seit dem Tage ihres Eingangs zu übersenden, wobei die Anmeldezeugnisse auf Grund derartiger Anmeldungen vom Komitee für Erfindungsangelegenheiten auf der allgemeinen Grundlage erteilt werden (Art. 32).

Die gegenseitigen Beziehungen zwischen dem Komitee für Erfindungsangelegenheiten und den erwähnten Büros werden durch eine besondere Instruktion bestimmt, die vom Obersten Volkswirtschaftsrat der USSR bestätigt wird.

Dritte Abteilung.

Verfahren bei Erteilung von Patenten.

Art. 27. Die Anmeldung einer Erfindung zwecks Erlangung eines Patentes erfolgt durch ein schriftliches Gesuch an das Komitee für Erfindungsangelegenheiten unter Beifügung von Dokumenten entsprechend einer besonderen Instruktion, die vom Komitee herausgegeben und vom Präsidium des Obersten Volkswirtschaftsrates bestätigt wird. Die Anmeldung muß ein besonderes Gesuch um Erteilung eines Patentes und die genaue Bezeichnung des Gegenstandes der Erfindung enthalten, die der Erfinder unter Patentschutz zu stellen wünscht. In einer besonderen Anlage der Anmeldung muß die Erfindung in ihren wesentlichen Teilen so klar, genau und vollständig beschrieben werden, daß ihre Anwendung für jede Person möglich erscheint, die mit dem betreffenden gewerblichen Gebiet vertraut ist. Am Ende der Beschreibung müssen kurz aber deutlich die wesentlichen Unterscheidungsmerkmale der Erfindung formuliert sein (Patentanspruch). Nötigenfalls muß die Beschreibung von besonders vorgelegten Zeichnungen usw. entsprechend der erwähnten Instruktion begleitet sein.

Art. 28. Jede Anmeldung darf nur eine Erfindung betreffen. Eine Ausnahme wird zugelassen für Erfindungen, die nach Sinn und Inhalt verbunden sind, ferner auch für mehrere gleichzeitig angemeldete Varianten einer Erfindung, die durch eine gemeinsame Idee verbunden sind. Wenn dieser Anforderung nicht genügt ist, so kann das Komitee verlangen, daß die eingereichte

Beschreibung in einzelne Anmeldungen zerlegt wird, von denen jede in diesem Falle entsprechend Art. 27 vervollständigt werden muß.

Art. 29. Wenn der Erfinder für den Fall der Ablehnung des von ihm angemeldeten Patentes wünscht, daß derselbe Gegenstand in das Musterregister auf Grund des Dekretes über gewerbliche Muster eingetragen wird, so ist hierfür eine besondere Anmeldung erforderlich, die von dem Anmelder selbst an das Komitee für Erfindungsangelegenheiten gerichtet wird. Wenn eine derartige Musteranmeldung von dem Anmelder des Patentes später als die Patentanmeldung vorgenommen wird, so wird die Frist für sein Musterrecht von dem Tage der Einreichung der Patentanmeldung an gerechnet.

Art. 30. Falls in dem Zeitraum zwischen der Patentanmeldung und der Anmeldung desselben Gegenstandes durch die gleiche Person oder ihren Rechtsnachfolger als Muster (Art. 29) eine andere Person ein Zeugnis auf das gleiche Modell erhält, erteilt das Komitee auch der ersteren Person, die vorher die Patentanmeldung vorgenommen hat, ein Zeugnis, indem es den beiden Zeugnisinhabern überläßt, eine Vereinbarung über die Benutzung des Modells zu treffen.

Art. 31. Als Tag, von dem an bedingungsweise die in dem Anmeldezeugnis vermerkte Priorität der Anmeldung rechnet, gilt der Tag des Eingangs der Anmeldung beim Komitee für Erfindungsangelegenheiten oder beim Büro zur Entgegennahme von Anmeldungen (Art. 26).

Falls bei dem Komitee für Erfindungsangelegenheiten mehrere Anmeldungen für die gleiche Erfindung eingehen, gilt als Tag der Anmeldung, falls die gehörigen Beweise beigebracht werden, der Tag der Aufgabe der Anmeldung beim Postamt oder beim Büro zur Entgegennahme von Anmeldungen (Art. 26)

Art. 32. Alle bei dem Komitee eingehenden Anmeldungen auf Erfindungen werden vor allem einer vorläufigen Prüfung unterworfen, durch die festgestellt wird, ob die Anmeldung den formellen Erfordernissen entspricht, und ob sie die Erfindung in der eingereichten Beschreibung und den Zeichnungen usw. hinreichend klarstellt. Im bejahenden Falle wird dem Anmelder ein Anmeldezeugnis erteilt.

Andernfalls wird dem Anmelder anheimgestellt, die Anmeldung binnen einer Frist von 3 Monaten entsprechend umzuarbeiten, zu erläutern oder in Ordnung zu bringen, wobei die Erteilung des Anmeldezeugnisses solange zurückgehalten wird, bis diese Forderung erfüllt ist. Bei Nichteinhaltung der Frist ohne einen wichtigen Grund geht die Priorität der Anmeldung verloren. Bei rechtzeitiger Beibringung gehöriger Beweise für die Unmöglichkeit der Einhaltung der Frist kann diese verlängert werden, jedoch höchstens um einen Monat.

Spätestens binnen 10 Tagen seit dem Eingang der Anmeldung beim Komitee ist dem Anmelder ein Anmeldezeugnis oder eine begründete Mitteilung über die Hindernisse für die Erteilung eines solchen zu übersenden.

Art. 33. Wenn die vorläufige Prüfung ergibt, daß der Gegenstand der Anmeldung ein fehlerhafter oder offensichtlich nicht zu verwirklichender Gedanke ist (z. B. ein perpetuum mobile), so wird der Sache kein weiterer Fortgang gegeben und kein Anmeldezeugnis erteilt, wovon der Anmelder vom Komitee unter kurzem Hinweis auf die Fehlerhaftigkeit seines Gedankens unterrichtet wird.

Art. 34. Ueber alle erteilten Anmeldezeugnisse außer solchen über Erfindungen, die die Landesverteidigung betreffen und für geheim erklärt sind, erfolgen Veröffentlichungen in dem offiziellen Organ des Komitees für Erfindungsangelegenheiten.

Von der Erteilung des Anmeldezeugnises an kann der Anmelder, ohne sein Recht auf die Erteilung des Patentes zu verlieren, Mitteilungen und Veröffentlichungen über seine Erfindung machen, öffentliche Versuche mit derselben anstellen, sie zur Ausführung bringen, sowie seine Rechte auf die Erteilung des Patentes abtreten.

Art. 35. Bis zur Entscheidung über die Veröffentlichung der Anmeldung (Art. 37) hat der Anmelder das Recht, in die Beschreibung und die Zeichnungen Verbesserungen aufzunehmen, die das Wesen der Anmeldung nicht berühren. Nach diesem Zeitpunkt und bis zur Uebergabe der Beschreibung zwecks Druckes des Patentes sind nur unbedeutende formelle Verbesserungen (von Schreibfehlern, Ungenauigkeiten in den Ausdrücken usw.) zugelassen.

Art. 36. Die Prüfung der Erfindungen, für die Anmeldezeugnisse erteilt sind, in Bezug auf ihre Patentfähigkeit und Neuheit wird entsprechenden Sachverständigen übertragen, die im Wege eines offiziellen Schriftwechsels mit den Erfindern und nötigenfalls mündlichen Verhandlungen mit ihnen, ferner in geeigneten Fällen durch Befragung von Zeugen, Anstellung eines praktischen Versuches der Erfindung für Rechnung des Erfinders oder durch andere geeignete Maßnahmen die Möglichkeit der Erteilung eines Patentes klarstellen und den Vorschlag für die sachliche Entscheidung ausarbeiten.

Bei jeder offiziellen Anfrage der Sachverständigen wird dem Anmelder für die Beantwortung eine bestimmte Frist nach Ermessen des Komitees gesetzt, die jedoch höchstens 3 Monate betragen darf. Diese Frist kann auf Grund eines begründeten Gesuches des Erfinders, das bis zum Ablaufe der bestimmten Frist eingereicht wird, verlängert werden. Bei Versäumung der Frist ohne Einreichung eines Gesuches wegen ihrer Verlängerung gilt die Anmeldung für zurückgenommen, und das Verfahren auf Grund derselben wird eingestellt. Sie kann nur dann erneuert werden, wenn der Anmelder nicht später als drei Monate seit Ablauf der versäumten Frist ein entsprechendes Gesuch einreicht und genügende Beweise dafür beibringt, daß die Frist durch Umstände versäumt wurde, die für ihn, den Anmelder, unabwendbar waren.

Bei Prüfung der Neuheit der Erfindung werden von den Sachverständigen besonders die allgemeine technische Literatur und die früheren Privilegien und Patentanmeldungen zu Grunde gelegt.

Die ausländische Patentliteratur wird nur nach Maßgabe der Möglichkeit beachtet. Bei dem Verfahren über einen Widerspruch (Art. 38) oder über die Nichtigerklärung eines erteilten Patentes (Art. 21) können jedoch dritte Personen auch dann der Erteilung des Patentes widersprechen oder die Gültigkeit eines erteilten Patentes bestreiten, wenn sie sich darauf stützen, daß die Erfindung ganz oder teilweise aus im Auslande veröffentlichten Patentschriften bekannt sei.

Art. 37. Wenn die Erteilung des Patentes bei der Prüfung für möglich erklärt und eine Einigung mit dem Anmelder über die Fassung der Patentbeschreibung und des Patentanspruches erzielt ist, beschließt das Komitee über die Veröffentlichung der Anmeldung.

Die Entscheidung über die Veröffentlichung der Anmeldung oder über die Ablehnung der Patenterteilung muß spätestens binnen 18 Monaten seit dem Tage der Anmeldung ergehen. Die Veröffentlichung der Anmeldung besteht darin, daß der Name des Anmelders und des Erfinders und die Bezeichnung des Gegenstandes der Anmeldung in dem offiziellen Organ des Komitees veröffentlicht und daß gleichzeitig im Komitee alle Dokumente, die sich auf die Anmeldung beziehen, für jeden Interessenten zur Einsicht ausgelegt werden.

Auf Antrag des Anmelders kann die Veröffentlichung der Anmeldung für eine Frist von 3 bis zu 6 Monaten, gerechnet seit dem Tage der Entscheidung hierüber, ausgesetzt werden.

Wenn die Anmeldung eine Erfindung betrifft, deren Geheimhaltung im Interesse des Staates angeordnet wird, so erfolgt die Erteilung des Patentes in einem geheimen Verfahren ohne Veröffentlichung und ohne Auslegung beim Komitee.

Art. 38. Binnen dreier Monate nach Veröffentlichung der Anmeldung können dritte Personen Widerspruch gegen Erteilung des Patentes einlegen. Der Widerspruch muß in schriftlicher Form mit genauer Begründung und bestimmten Verweisungen auf die technische und Patentliteratur eingereicht werden. Er kann sich nur auf die Behauptung stützen, daß der Gegenstand der Anmeldung nicht patentfähig im Sinne der Art. 1 und 2 des gegenwärtigen Dekretes sei, oder daß der Anmelder nicht der wirkliche Erfinder oder sein Rechtsnachfolger sei (Art. 3). Falls in der angegebenen Frist kein Widerspruch eingeht, oder ein eingegangener Widerspruch sichtlich unbegründet ist, erläßt das Komitee unverzüglich die Entscheidung über die Erteilung des Patentes. Andernfalls schreitet das Komitee zur Prüfung des Widerspruches und erläßt eine endgültige Entscheidung spätestens binnen 6 Monaten seit dem Tage des Einganges des Widerspruchs.

Art. 39. Die Entscheidung über die Erteilung oder Ablehnung der Erteilung eines Patentes kann bei einem besonderen Organ des Komitees angefochten werden, das auf der in der Verordnung über das Komitee (Art. 25) vorgesehenen Grundlage arbeitet; die Gründe für die Bemängelung der Entscheidung sind genau auseinanderzusetzen. Wenn die angefochtene Entscheidung die Erteilung eines Patentes ablehnt, hat das Anfechtungsrecht der Anmelder. Wenn jedoch das Patent zuerkannt wird, hat das Recht der Anfechtung sowohl der Anmelder, falls ihm das Patent nicht in der Form erteilt ist, zu der er vor der Veröffentlichung der Anmeldung seine Zustimmung gegeben hat, als auch beteiligte dritte Personen. Die Beschwerde ist spätestens binnen 3 Monaten seit dem Tage der Entscheidung des Komitees einzulegen.

Wenn die Beschwerde nicht den formellen Erfordernissen entspricht. oder nach Ablauf der festgesetzten Frist eingeht, so bleibt sie unberücksichtigt. Wenn jedoch diese Bedingungen erfüllt sind, so wird die Angelegenheit einem Mitglied des Komitees zur Prüfung übertragen, das nicht die erste Prüfung der Anmeldung vorgenommen hat. Der neue Prüfer trifft alle erforderlichen Maßnahmen zwecks Aufklärung, ob die Beschwerde begründet ist, z. B. Anhörung der beteiligten Parteien, Befragung von Zeugen und Sachverständigen usw.; nach Abschluß des Verfahrens erstattet er einen entsprechenden Bericht. Die beteiligten Parteien werden auf Grund ihres Gesuches zu einer Sitzung zwecks Prüfung der Beschwerde geladen, um Aufklärungen zu geben. Wenn bei dieser Prüfung neue Umstände hervortreten außer denjenigen, die von der angefochtenen Entscheidung berücksichtigt sind, so wird die Sachentscheidung unter Bestimmung einer Frist zur Beibringung neuer Aufklärungen vertagt. Die auf Grund der Klage ergehende Entscheidung gilt als endgültig und kann nur von dem Gericht gemäß Art. 21 des gegenwärtigen Dekretes abgeändert werden.

Art. 40. Die endgültige Entscheidung über die Erteilung des Patentes wird von dem Komitee in seinem offiziellen Organ veröffentlicht. Das Komitee stellt dem Patentinhaber eine Patenturkunde aus. Wenn die Anmeldung nach ihrer Veröffentlichung zurückgenommen ist (Art. 37) oder wenn die Erteilung des Patentes abgelehnt wird, so ergeht auch hierüber eine Veröffentlichung in dem erwähnten Organ.

Art. 41. Das Komitee für Erfindungsangelegenheiten führt ein Register, in dem die Bezeichnung und die Gültigkeitsdauer des Patentes, der Tag der Anmeldung, Name und Wohnort des Patentinhabers und geeigneten Falls seines Stellvertreters, ferner auch der Name und Wohnort des wirklichen Erfinders angegeben werden. Der Beginn der Wirksamkeit (Art. 17), die Frist für die Ausübung (Art. 18), die Zahlung der Gebühr, die Verlängerung, das Erlöschen sowie die Nichtigerklärung und die Entziehung des Patentes auf Grund gerichtlicher Entscheidung werden im Register vermerkt und in dem von dem Komitee herausgegebenen offiziellen Organ veröffentlicht.

Aenderungen in der Person des Patentinhabers (Art. 10) werden nach Vorlegung entsprechender Dokumente gleichfalls im Patentregister vermerkt und in dem Organ des Komitees veröffentlicht.

Die Einsicht des Patentregisters und der Beschreibungen, Zeichnungen, Modelle und Muster, auf Grund deren das Patent erteilt wurde, steht jedem Interessenten frei, soweit das Patent nicht eine geheime Erfindung betrifft, die im Namen staatlicher Organe angemeldet oder von ihnen im Wege der Zwangsenteignung erworben ist.

Die Beschreibungen und Zeichnungen der erteilten Patente werden in Gestalt von Patentschriften veröffentlicht, die in ihrer Gesamtheit die Sammlung der Patente der USSR bilden. Die übrigen von dem gegenwärtigen Gesetz vorgeschriebenen Veröffentlichungen werden in das offizielle Organ des Komitees aufgenommen.

Moskau im Kreml, den 12. September 1924.

Der Präsident des Zentral-Exekutiv-Komitees der Union Sozialistischer Sowjet-Republiken,

M. J. Kalinin.

Der Präsident des Rates der Volkskommissare der Union Sozialistischer Sowjet-Republiken:

A. I. Rykow.

Der Sekretär des Zentral-Exekutiv-Komitees der Union Sozialistischer Sowjet-Republiken:

A. Jenukidse.

Anlage 1 zum Dekret über Erfindungspatente (Art. 15).

Regeln über das Verfahren bei der Zwangsenteignung von Patenten.

§ 1. Die Zwangsenteignung eines Patentes ist nur in den Fällen zulässig, wo zwischen der Regierung der USSR und dem Patentinhaber eine freiwillige Vereinbarung über die Veräußerung des Patentes nicht zustande kommen konnte. Diese Enteignung kann sowohl eine vollständige wie eine teilweise sein, d. h. einen Teil der Erfindung oder einen Teil der Wirkungsdauer des Patentes oder einzelne aus dem Patent fließende Rechte betreffen.

§ 2. Die Zwangsenteignung kann sowohl diejenigen Erfindungen ergreifen, auf die schon Patente erteilt sind, wie auch diejenigen, für die dem Erfinder oder seinem Rechtsnachfolger ein Anmeldezeugnis erteilt ist.

§ 3. Das Maß der Vergütung für die Zwangsenteignung eines Patentes bestimmt sich auf Grund billiger Abschätzung derjenigen Vorteile, die von dem Patentinhaber aus der Verwertung der Erfindung hätte gezogen werden können.

§ 4. Die Vergütung wird dem Inhaber des enteigneten Patentes zuerkannt. Ansprüche dritter Personen auf Vergütung für Schäden und Verluste, die ihnen aus der Zwangsenteignung des Patentes entstehen, sind gegen den ehemaligen Patentinhaber geltend zu machen.

§ 5. Die Zwangsenteignung eines Patentes wird in jedem einzelnen Falle durch eine besondere Entscheidung des Rates für Arbeit und Verteidigung ausgesprochen, und zwar auf Grund eines hierauf gerichteten Ersuchens des zuständigen Volkskommissariats der USSR oder des Wirtschaftsrates einer der Unions-Republiken.

§ 6. Das Projekt der Entscheidung über die Enteignung, das alle Bedingungen dieser Enteignung enthält, geht von dem zuständigen Volkskommissariat oder Wirtschaftsrat der Unions-Republik an eine besondere Kommission beim Komitee für Erfindungsangelegenheiten zur Prüfung (Art. 7 dieser Regeln). Nach Ablauf der in Art. 11 dieser Regeln festgesetzten Frist für die Einlegung des Widerspruches durch den Inhaber des enteigneten Patentes wird das Projekt von dem Volkskommissariat der

USSR oder dem Wirtschaftsrat der Unions-Republik zusammen mit der Stellungnahme der besonderen Kommission und mit dem Widerspruch, wenn ein solcher eingegangen ist, an den Rat für Arbeit und Verteidigung weitergeleitet.

Anmerkung: Das beteiligte Volkskommissariat oder der Wirtschaftsrat der Unions-Republik kann in besonders wichtigen Fällen vor dem Rat für Arbeit und Verteidigung den Antrag auf Erlaß einer Entscheidung über die sofortige Verwertung der der Enteignung unterliegenden Erfindung stellen. Wenn in der Folge das Enteignungsgesuch von dem Rat für Arbeit und Verteidigung abgewiesen wird, so hat die Verwertung der Erfindung aufzuhören, und es ist dem Patentinhaber eine Entschädigung für die Dauer der Verwertung seines Patentes auf Grund einer billigen Abschätzung zu gewähren, die von dem Rat für Arbeit und Verteidigung gleichzeitig mit der Ablehnung des Enteignungsgesuches festzusetzen ist.

§ 7. Eine besondere Kommission beim Komitee für Erfindungsangelegenheiten wird vom Präsidenten des Komitees für Erfindungsangelegenheiten jedes Mal bei Auftauchen der Frage über die Enteignung von Erfindungen berufen und besteht aus Vertretern des Komitees für Erfindungsangelegenheiten, des Volkskommissariats für Finanzen der USSR und der beteiligten Volkskommissariate und Anstalten. Den Vorsitz führt der Vertreter des Komitees für Erfindungsangelegenheiten.

§ 8. Der Inhaber eines enteigneten Patentes kann der besonderen Kommission gegenüber schriftliche und mündliche Erklärungen, persönlich oder durch Bevollmächtigte abgeben.

§ 9. Die besondere Kommission hat das Recht, in geeigneten Fällen alle erforderlichen Informationen einzuholen, die das enteignete Patent betreffen, und Sachverständige zur Aufklärung spezieller Fragen zu laden.

§ 10. Dem Patentinhaber wird ein Auszug aus der begründeten Entscheidung über seine Angelegenheit mitgeteilt. Die der Geheimhaltung unterliegenden Erwägungen werden in dieser Mitteilung nicht angeführt.

§ 11. Der Patentinhaber kann binnen 2 Wochen seit der Eröffnung der Entscheidung der Kommission an ihn bei dieser Kommission einen begründeten Widerspruch einlegen (Art. 6).

§ **12.** Die Begründung einer Lizenz im Zwangswege zu Gunsten staatlicher Unternehmungen und Anstalten erfolgt im selben Verfahren, wie die Zwangsenteignung des Patentes.

Moskau im Kreml, am 12. September 1924.

Der Präsident des Zentral-Exekutiv-Komitees der USSR,
M. J. Kalinin

Der Präsident des Rates der Volkskommissare:
A. I. Rykow,

Der Sekretär des Zentral-Exekutiv-Komitees der USSR:
A. Jenukidse.

Anlage 2 zum Dekret über Erfindungspatente (Art. 19).

Regeln über die Gebührenerhebung für Erfindungspatente.

§ **1.** Vom Augenblick der Ausführung der Erfindung (Art. 18 des Dekretes über Erfindungspatente) werden von dem Patentinhaber jährlich Gebühren in folgendem Umfange erhoben:

Für das 1., 2. und 3. Jahr der Dauer des Patentes, vom Augenblick seiner Ausführung an je 5 Rubel; für das 4. Jahr werden erhoben 15 Rubel, für das 5. Jahr = 25 Rubel, für das 6. Jahr = 35 Rubel, für das 7. Jahr = 45 Rubel, für das 8. Jahr = 55 Rubel, für das 9. Jahr = 65 Rubel, für das 10. Jahr = 75 Rubel und für jedes weitere Jahr 15 Rubel mehr als fur das vorhergehende.

§ **2.** Die im § 1 bestimmten Gebühren werden im voraus für jedes Jahr der Dauer des Patentes vom Augenblick seiner Ausfuhrung an entrichtet.

§ **3.** Bei nicht rechtzeitiger Gebührenzahlung wird eine Strafgebühr in dem Umfange erhoben, der durch die Verordnung über Erhebung von Steuern und Abgaben festgesetzt ist. Wenn der Verzug länger als 3 Monate dauert, so geht das Recht auf das Patent verloren.

§ 4. Bei Erteilung eines Zusatzpatentes (Art. 12 und 14 des Dekretes über Erfindungspatente) werden die Gebühren nach Ausführung des Stammpatentes einmalig in Höhe von 15 Rubeln erhoben.

Falls das Zusatzpatent in ein selbständiges Patent verwandelt wird (Art. 13 des erwähnten Dekretes), bestimmen sich die Fristen und die Höhe der jährlichen Gebührenzahlungen auf allgemeiner Grundlage.

§ 5. Das Verfahren bei der Erhebung der Gebühren wird durch den Obersten Volkswirtschaftsrat der USSR im Einverständnis mit dem Volkskommissariat für Finanzen der USSR geregelt.

Moskau im Kreml, am 12. September 1924.

Der Präsident des Zentral-Exekutiv-Komitees der USSR,
M. J. Kalinin

Der Präsident des Rates der Volkskommissare:
A. I. Rykow,

Der Sekretär des Zentral-Exekutiv-Komitees der USSR:
A. Jenukidse.

Verordnung des Zentral-Exekutiv-Komitees und des Rates der Volkskommissare der USSR über die Einführung des Dekretes über Erfindungen.

Das Zentral-Exekutiv-Komitee und der Rat der Volkskommissare der USSR verordnen:

Art. 1. Das Dekret des Zentral-Exekutiv-Komitees und des Rates der Volkskommissare der USSR über Erfindungspatente tritt am 15. September 1924 in Kraft; von diesem Zeitpunkte an werden alle gesetzlichen Bestimmungen über die Rechte auf Erfindungen aufgehoben, die von gesetzgebenden Organen der Unions-Republiken erlassen sind.

Art. 2. Patente (Privilegien) auf Erfindungen, die von anderen als Sowjetorganen erlassen sind, haben keinerlei Gültigkeit.

Art. 3. Den Personen, die gemäß Art. 2 das Recht auf ein Patent verloren haben, das von einer Behörde aus der Zeit vor der Sowjet-Herrschaft erteilt worden war, ebenso den Personen, die bei der zuständigen Behörde eine Anmeldung vorgenommen haben, bevor auf dem betreffenden Territorium die Sowjetherrschaft eingerichtet wurde, steht das Recht zu, die Erteilung eines Patentes in Uebereinstimmung mit dem Dekret des Zentral-Exekutiv-Komitees und des Rates der Volkskommissare der USSR über Erfindungspatente zu beantragen.

Die Neuheit der betreffenden Erfindungen wird von dem Komitee für Erfindungsangelegenheiten unter Zugrundelegung des Augenblicks der ersten Anmeldung geprüft, vorausgesetzt, daß die letztere nach dem 1. Januar 1910 erfolgt ist. Das im gegenwärtigen Artikel behandelte Recht erstreckt sich nicht auf die Erben und sonstigen Rechtsnachfolger des wirklichen Erfinders.

Anmerkung: Wenn auf eine Erfindung ein Patent von einer Behörde aus der Zeit vor der Sowjet-Herrschaft erteilt war, so wird die 15jährige Geltungsdauer des neuen Patentes um den ganzen Zeitraum abgekürzt, der seit der Erteilung des alten Patentes bis zum 15. September 1924 verflossen ist.

Art. 4. Rechte auf Erfindungen, die durch das Komitee für technische Angelegenheiten des Volkskommissariats für Handel und Industrie und durch das Komitee für Erfindungsangelegenheiten (oder die Unterabteilung für Erfindungen) beim Obersten Volkswirtschaftsrat registriert oder anerkannt sind, bleiben in Kraft. Im einzelnen gilt folgendes:

a) Anmeldungen, die bei den erwähnten Stellen eingereicht sind, wird entsprechend dem Dekret über Erfindungen Fortgang gegeben, und zwar unter Wahrung der Priorität des Tages der Anmeldung;

b) die erteilten Schutzzeugnisse und Anmeldezeugnisse haben die Kraft von Anmeldezeugnissen gemäß Art. 34 des Dekretes des Zentral-Exekutiv-Komitees und des Rates der Volkskommissare der USSR über Erfindungspatente, jedoch unterliegen die an ihrer Stelle erteilten Patente in Abweichung von Art. 17 des Dekretes über Erfindungspatente nicht der Verlängerung;

c) die gerichtliche Zuerkennung des Rechtes auf eine Erfindung begründet das Recht auf Erteilung eines Patentes, wobei die Wirkung dieses Patentes sich auf 15 Jahre seit dem 15. September 1924 erstreckt.

Art. 5. Auf Erfindungen, die zu Gunsten des Staates bis zum Erlaß des gegenwärtigen Dekretes enteignet sind, wird kein Patent erteilt.

Art. 6. Diejenigen, die eine in Art. 3 der gegenwärtigen Verordnung vorgesehene Erfindung in Gebrauch genommen oder auf dem Gebiet der USSR Vorbereitungen zu ihrer Benutzung vor der Veröffentlichung des Dekretes des Exekutiv-Komitees und des Rates der Volkskommissare der USSR über Erfindungspatente getroffen haben, behalten das Recht zur Benutzung der Erfindung auf Grund des Art. 16 des erwähnten Dekretes und in dem daselbst angegebenen Umfange.

Moskau im Kreml, am 12. September 1924.

Der Präsident des Zentral-Exekutiv-Komitees der USSR,
M. J. Kalinin

Der Präsident des Rates der Volkskommissare:
A. I. Rykow,

Der Sekretär des Zentral-Exekutiv-Komitees der USSR:
A. Jenukidse

Dekret des Zentral-Exekutiv-Komitees und des Rates der Volkskommissare der USSR über gewerbliche Muster (Zeichnungen und Modelle).

Das Zentral-Exekutiv-Komitee und der Rat der Volkskommissare der USSR verordnen:

Art. 1. Das gegenwärtige Dekret begründet das Recht auf Muster, und zwar für:

a) nach Aussehen oder Form neue kunstgewerbliche Zeichnungen, die zur Vervielfältigung in entsprechenden Auflagen bestimmt sind, und

b) nach Aussehen, nach Form, nach Einrichtung oder Anordnung ihrer Teile neue Modelle, die für das Gewerbe, das Hausgewerbe, den Handel, das Handwerk, den Hausbedarf und überhaupt für jede Arbeit bestimmt sind.

Muster gelten nicht als neu, wenn im Augenblick der Vornahme der Anmeldung gemäß Art. 3 des gegenwärtigen Dekretes dieselben oder ein sehr ähnliches offenkundig auf dem Gebiete der USSR benutzt wurden oder hinreichend deutlich durch den Druck im Laufe der letztvorhergehenden 50 Jahre beschrieben waren.

Anmerkung: Die Anmeldung eines Musters und die Begründung des Rechtes auf ein Muster (Art. 3) nimmt dem Urheber nicht das Recht auf Erlangung eines Patentes, wenn das Muster den Charakter einer Erfindung trägt.

Art. 2. Das Recht auf ein Muster steht seinem Urheber oder dessen Rechtsnachfolger zu.

Als Urheber des Musters gilt der erste Anmelder (Art. 3), solange nicht das Gegenteil bewiesen wird.

Die Beziehungen zwischen denjenigen, die ein Muster gemeinsam geschaffen haben (Miturhebern), wird durch eine Vereinbarung zwischen ihnen bestimmt.

Unternehmungen ist es gestattet, mit ihren Angestellten, die besonders mit der Erfindung von Mustern beauftragt sind, Verträge abzuschließen, auf Grund deren diese Angestellten im voraus dem Unternehmen ihre Rechte auf die Muster abtreten, die sie auf Grund dieser Verträge schaffen.

Art. 3. Zur Feststellung des Rechtes auf ein Muster ist die Anmeldung des letzteren bei dem Komitee für Erfindungsangelegenheiten und die Eintragung des Musters in das entsprechende Register erforderlich.

Die Anmeldung erfolgt in schriftlicher Form entsprechend einer besonderen Instruktion, die von dem Komitee für Erfindungsangelegenheiten herausgegeben und von dem Präsidium des Obersten Volkswirtschaftsrates der USSR bestätigt wird.

Auf jedes Muster muß eine besondere Anmeldung erfolgen.

Art. 4. Das Recht auf ein eingetragenes Muster wird auf 3 Jahre begründet, beginnend mit dem Tage der Anmeldung, und einmalig mit einer Gebühr von 5 Rubeln Gold bezahlt. Die Wirkung dieses Rechtes verlängert sich um eine weitere Frist von 3 Jahren, wenn bis zum Ablaufe der ersten 3jährigen Periode eine Gebühr in Höhe von 25 Rubeln Gold gezahlt wird. Wird bis zum Ablaufe des 6. Jahres eine weitere Gebühr in Höhe von

100 Rubeln gezahlt, so verlängert sich die Dauer des Musterrechtes noch um höchstens 4 Jahre.

Anmerkung 1): Gezahlte Gebühren unterliegen nicht der Rückerstattung. Das Verfahren für die Gebührenerhebung wird durch den Obersten Volkswirtschaftsrat der USSR im Einverständnis mit dem Volkskommissariat für Finanzen der USSR geregelt.

Anmerkung 2): Das Komitee für Erfindungsangelegenheiten gewährt Zahlungsaufschub und Ratenzahlungen in Bezug auf die Gebühren für Arbeiter und Angestellte, die nicht der Einkommensteuer unterliegen, und für andere unbemittelte Personen.

Art. 5. Bei Erfüllung aller formellen Voraussetzungen ist das Komitee für Erfindungsangelegenheiten verpflichtet, das Muster spätestens binnen 2 Wochen seit Entgegennahme der Anmeldung in das Register einzutragen.

Ueber die erfolgte Eintragung des Musters in das Register wird dem Anmelder ein Zeugnis erteilt, auf dem alle in das Register eingetragenen Angaben enthalten sind.

Ueber die Eintragung des Musters in das Register erfolgt eine Veröffentlichung im offiziellen Organ des Komitees für Erfindungsangelegenheiten.

Die Einsicht des Musterregisters ist jedem Interessenten gestattet, wobei das Komitee für Erfindungsangelegenheiten auf Ersuchen der Interessenten verpflichtet ist, beglaubigte Auszüge aus dem Register zu erteilen.

Die der Anmeldung beigefügten Dokumente und Gegenstände werden bei den Akten des Komitees für Erfindungsangelegenheiten bis zum Ablauf zweier Jahre seit Erlöschen des Musterrechtes aufbewahrt; ihre Besichtigung wird jedoch erst ein Jahr nach der Anmeldung gestattet. Diese Frist kann auf Antrag des Anmelders verlängert werden, jedoch höchstens um 3 Jahre seit der Anmeldung.

Art. 6. Wenn ein Muster nicht den Anforderungen des Art. 1 entspricht oder den Gesetzen zuwiderläuft, so kann jeder Beteiligte vor Gericht ein Verfahren anhängig machen mit dem Ziele, daß die Eintragung des Musters für nichtig erklärt wird. Ueber die Nichtigkeit der Eintragung trägt das Komitee für Erfindungsangelegenheiten einen Vermerk in das Register ein und veranlaßt eine Veröffentlichung in seinem offiziellen Organ.

Art. 7. Wer ein Muster hat eintragen lassen, genießt das ausschließliche Recht, dieses Muster ganz oder in seinen einzelnen charakterischen Teilen im Gebiete der USSR gewerblich zu vervielfältigen, die das Muster wiedergebenden Erzeugnisse in den Verkehr zu bringen oder sie in anderer Weise zu gebrauchen.

Art. 8. Ein Interessenkonflikt zwischen demjenigen, der das Recht auf ein Muster erworben hat, und dem vorher entstandenen Rechte einer anderen Person auf eine Erfindung oder umgekehrt, wird vom Gericht entschieden, wenn die beteiligten Parteien nicht zu einer Einigung gelangt sind.

Art. 9. Ein eingetragenes Muster kann Gegenstand von Lizenzen sein. Das Recht zur Veräußerung des Musters in vollem Umfange oder mit Einschränkungen und sein Uebergang im Wege der Erbfolge sind ebensowohl vor wie nach der Anmeldung des Musters zugelassen.

Der Verzicht auf das Recht auf ein eingetragenes Muster erfolgt in Gestalt einer schriftlichen Erklärung gegenüber dem Komitee für Erfindungsangelegenheiten.

Ein Wechsel des Inhabers des Musterrechtes, der gehörig bescheinigt ist, ebenso der Verzicht auf dieses Recht werden von dem Komitee für Erfindungsangelegenheiten im Musterregister eingetragen und in dem offiziellen Organ des Komitees veröffentlicht.

Art. 10. Als Verletzung des Musterrechtes gilt seine Nachbildung in gewerblicher Weise aus einem anderen Stoff, durch ein anderes Verfahren, in anderer Größe oder Farbe, oder mit Abänderungen, die bei gewöhnlicher Betrachtung nicht zu bemerken sind, ebenso auch die Nachbildung für einen anderen Gewerbezweig.

Anmerkung: Die Nachbildung einer Zeichnung, die zur Darstellung auf einer Fläche bestimmt ist, durch Erzeugnisse plastischer Art und umgekehrt gilt nicht als Verletzung des Musterrechtes.

Art. 11. Der Ersatz für Schäden und Verluste, die durch Verletzung des Musterrechtes verursacht sind (Art. 10), sind von den beteiligten Personen in dem Verfahren geltend zu machen, das von den bürgerlichen Gesetzbüchern der zuständigen Republiken festgesetzt ist.

Unabhängig hiervon wird die Verletzung des Musterrechtes auf eine Klage der Beteiligten auf Grund der Strafgesetzbücher der betreffenden Republiken bestraft.

Art. 12. Ausländische Bürger genießen das Recht auf Musterschutz auf Grund des gegenwärtigen Dekretes ebenso wie die Bürger der USSR.

Zur Durchführung irgendeines Anspruches, der sich aus dem gegenwärtigen Dekret ergibt, müssen die außerhalb der Grenzen der USSR ansässigen Personen einen im Gebiete der USSR wohnhaften Vertreter bestellen.

Art. 13. Der Oberste Volkswirtschaftsrat der USSR erläßt Bestimmungen und Instruktionen zur Anwendung des gegenwärtigen Dekretes.

Moskau im Kreml, am 12. September 1924.

Der Präsident des Zentral-Exekutiv-Komitees der USSR,
M. J. Kalinin

Der Präsident des Rates der Volkskommissare:
A. I. Rykow,

Der Sekretär des Zentral-Exekutiv-Komitees der USSR:
A. Jenukidse.

Anhang.

Ueber das Verfahren für die Zulassung ausländischer Firmen zur Vornahme von Handelsoperationen im Gebiete der RSFSR.

Das Allrussische Zentral-Exekutiv-Komitee und der Rat der Volkskommissare verordnen:

1) Ausländische Firmen werden zur Vornahme von Handelsoperationen im Gebiete der RSFSR und zur Eröffnung von Niederlassungen, Filialen, Vertretungen und dergleichen nur auf dem Wege zugelassen, der in dem Gesetz über das Hauptkonzessions-Komitee nach Schließung des Volkskommissariats für Außenhandel vorgesehen ist.

Anmerkung: Alle zur Zeit der Veröffentlichung dieser Verordnung im Gebiete der RSFSR vorhandenen Vertretungen ausländischer Firmen müssen die in diesem Artikel vorgesehene Genehmigung binnen einer Frist von einem Monat einholen, nach dessen Ablauf alle Unternehmungen, die die Genehmigung nicht erhalten haben, unverzüglich liquidiert werden.

2) Staatlichen Anstalten, staatlichen Produktionsunternehmungen und ihren Verbindungen, kooperativen Organisationen, ebenso Privatgesellschaften und -Personen sind unter Beobachtung der geltenden Gesetze über den Außenhandel Abmachungen über Außenhandelsgeschäfte im Gebiete der RSFSR nur mit Vertretern derjenigen ausländischen Firmen gestattet, die die im Artikel 1 erwähnte Genehmigung erhalten haben.

3) Personen, die im Staatsdienst der RSFSR stehen, wird die Uebernahme von Vertretungen irgendwelcher ausländischer Firmen und Organisationen verboten.

4) Bürger der RSFSR, die nicht im Staatsdienste stehen, können die Vertretung für die Vornahme von Handelsoperationen nur gegenüber solchen ausländischen Firmen übernehmen, die die in Art. 1 bestimmte Erlaubnis besitzen.

5) Wer die Art. 1, 2 und 4 dieser Verordnung übertritt, wird gemäß Art. 136 des Strafgesetzbuches der RSFSR bestraft; wer den Art. 3 dieser Verordnung verletzt, wird außerdem gemäß Art. 114 und 114a des gleichen Gesetzbuches bestraft.

6) Dem Volkskommissariat für Justiz zusammen mit dem Hauptkonzessions-Komitee, dem Volkskommissariat für Aussenhandel, dem Volkskommissariat für auswärtige Angelegenheiten, dem Volkskommissariat für innere Angelegenheiten und der Kommission für den inneren Handel beim Rat für Arbeit und Verteidigung wird die Ausarbeitung und der Erlaß einer Instruktion über die Anwendung dieser Verordnung binnen einer Frist von 2 Wochen übertragen.

7) Die Wirkung der gegenwärtigen Verordnung erstreckt sich auf das ganze Gebiet der RSFSR und der mit ihr verbündeten Sowjetrepubliken.

Der Vorsitzende des Allrussischen Zentral-Exekutiv-Komitees:
M. Kalinin,

Der Vertreter des Vorsitzenden des Rates der Volkskommissare:
L. Kamenew,

Der Sekretär des Allrussischen Zentral-Exekutiv-Komitees:
T. Sapronow.

12. April 1923.

Veröffentlicht in Nr. 18 der
„Nachrichten des Allrussischen Zentral-Exekutiv-Komitees der Sowjets“ vom 14. 4. 1923.

Verordnung des Volkskommissariats für Justiz, der Kommission für Binnenhandel beim Rat für Arbeit und Verteidigung, der Volkskommissariate für auswärtige Angelegenheiten, innere Angelegenheiten, Außenhandel und des Hauptkonzession-Komitees.

Instruktion über die Operationen und Vertretungen ausländischer Firmen im Gebiete der RSFSR und der mit ihr verbündeten Republiken. Erlassen auf Grund der Verordnung des Allrussischen Zentral-Exekutiv-Komitees und des Rates der Volkskommissare vom 12. April 1923

Gesetzsammlung 1923 Nr. 31 Art. 345.

1) Unter den in der gegenwärtigen Instruktion erwähnten ausländischen Firmen ist jedes Einzel- oder Gesellschaftsunternehmen (Offene Handelsgesellschaft, Kommandit-Gesellschaft, Aktiengesellschaft und dergleichen) zu verstehen, das außerhalb der RSFSR und der mit ihr verbündeten Sowjetrepubliken gegründet und seine Rechte auf kaufmännische Tätigkeit im Lande seines Sitzes in eine juristische Form gebracht hat (Bestätigung des Statutes einer Aktiengesellschaft, Eintragung eines Unternehmens bei den zuständigen Behörden, Erlangung einer Gewerbeerlaubnis und dergleichen.)

2) Ausländische Firmen, die in der RSFSR und den ihr verbündeten Republiken Handelsoperationen vorzunehmen oder Niederlassungen, Vertretungen und dergleichen zu eröffnen beabsichtigen, müssen ein entsprechendes Gesuch hierüber, das in gesetzlich vorgeschriebener Weise verstempelt ist, beim Volkskommissariat für Außenhandel einreichen und die folgenden Aufklärungen geben:

a) Name des Unternehmens, seine Verwaltung, Organe, Tätigkeitsbereich und Sitz;

b) Entstehungszeit des Unternehmens und Beweise für seine gesetzliche Existenz im Lande seines Sitzes;

c) Tag und Ort der Bestätigung oder Eintragung derjenigen Regelung (Statut, Gesellschaftsvertrag), auf Grund deren das Unternehmen im Lande seines Sitzes seine Tätigkeit ausübt;

d) Dauer des Bestehens des Unternehmens, wenn diese Dauer in der Regelung (Statut, Gesellschaftsvertrag) bestimmt ist, auf Grund deren das Unternehmen im Lande seines Sitzes tätig ist;

e) Grundkapital der Aktiengesellschaft oder Gesellschaft mit beschränkter Haftung, der das Unternehmen gehört, und wirklich eingezahlter Betrag desselben;

f) allgemeine Angaben darüber, ob das Unternehmen vor dem Krieg und während des Krieges bis zum Jahre 1917 Handelsoperationen in Rußland vorgenommen hat, in welchem räumlichen Gebiet und mit welchen Firmen;

g) ob das Unternehmen nach 1917 irgendwelche Handelsoperationen in der RSFSR und den mit ihr verbündeten Republiken oder mit ihren Handelsvertretungen im Auslande vorgenommen hat, und welche insbesondere;

h) welche Handelsoperationen das Unternehmen insbesonvorzunehmen beabsichtigt (Export, Import, Binnenhandel); räumliches Tätigkeitsgebiet, Art der Waren, in Aussicht genommener Handelsapparat; Maßstab der beabsichtigten Tätigkeit und Höhe des in dem Unternehmen investierten Kapitals; Angabe, ob der Handel auf eigene Rechnung oder kommissionsweise betrieben wird;

i) ob das Unternehmen die Vertretung zum Vertriebe seiner Erzeugnisse einem staatlichen Organ. zu übertragen wünscht, ev. auf Grund welcher in Aussicht genommenen Bedingungen, oder ob es im Auge hat, seine Vertretung einer Privatperson zu übertragen — im letzteren Falle ist der Vorname, Familienname und Wohnort der betreffenden Person anzugeben.

Anmerkung: Ausländische Firmen können außer den angeführten notwendigen Angaben auch anderes Material, das die Eigenart ihres Unternehmens betrifft, beibringen.

3) Alle unter Punkt a) und e) des Art. 2 erwähnten Angaben müssen durch die der Anmeldung beizufügenden gehörigen Urkunden (Statut der Aktiengesellschaft, Gesellschaftsverträge der Offenen Handelsgesellschaften und Kommanditgesellschaften, Handelsregisterauszüge und dergleichen) bestätigt werden. Diese Urkunden müssen in notariell beglaubigter Abschrift vorgelegt werden, die in vorgeschriebener Weise durch die zuständigen ausländischen Organe der RSFSR legalisiert sind. Außerdem müssen die zu öffentlicher Rechnungslegung verpflichteten Unternehmungen eine notarielle Abschrift ihrer Bilanz und Rechnungslegung für das letzte Jahr einreichen.

4) Alle in Art. 2 dieser Instruktion aufgezählten Unterlagen sind beim Volkskommissariat für Außenhandel in einem Exemplar und zwei von dem Unternehmen selbst beglaubigten Abschriften einzureichen.

5) Bevollmächtigte ausländischer Firmen, die den Antrag im Namen des Unternehmens stellen, müssen bei der Anmeldung notarielle Vollmachten vorlegen, die von der Handelsvertretung visiert sind. Spätestens binnen Monatsfrist muß das Volkskommissariat für Außenhandel auf Grund des vorgelegten Materials eine begründete Entscheidung auf das Gesuch der ausländischen Firma treffen und die ganze Angelegenheit mit seiner Entscheidung dem Hauptkonzessions-Komitee übermitteln, das die Angelegenheit im gewöhnlichen Verfahren prüft.

6) Die Erlaubnis wird auf eine bestimmte Frist von einem bis zu drei Jahren erteilt. Falls die Firma wünscht, die Frist, für die die Erlaubnis erteilt ist, zu verlängern, muß sie zwei Monate vor dem Ablauf der Frist ein entsprechendes Gesuch bei dem Volkskommissariat für Außenhandel einreichen.
Anmerkung: Wenn die Firma auf ihr Gesuch bis zum Ablauf der Gültigkeit der Erlaubnis keinen Bescheid erhält, so verlängert sich automatisch die Gültigkeit derselben bis zu dem Augenblick, wo der Firma die Antwort auf ihr Gesuch zugeht.

7) Wenn eine Firma im Laufe von 3 Monaten nach Erteilung der Erlaubnis ihre Tätigkeit nicht beginnt, so verliert die Erlaubnis ihre Wirkung.

8) Ausländische Firmen, die eine Erlaubnis zur Vornahme von Handelsoperationen im Gebiete der RSFSR und der mit ihr verbundenen Republiken erhalten haben, müssen an den in der ihnen erteilten Erlaubnis angegebenen Stellen ihre ständige Vertretung, Niederlassung, Geschäftsstelle und dergleichen haben, an deren Spitze eine von der Firma besonders bevollmächtigte Person stehen muß, die ihren ständigen Wohnsitz auf dem Gebiete der RSFSR oder der mit ihr verbündeten Republiken hat.

Die erwähnte Person muß unbeschränkte Vollmachten zur Vertretung der Firma sowohl gegenüber der Regierung der RSFSR und der mit ihr verbündeten Republiken wie auch gegenüber Privatpersonen besitzen, und zwar in gerichtlichen und außergerichtlichen Angelegenheiten, die sich aus der Tätigkeit der Firma auf dem Gebiet der RSFSR und der mit ihr verbündeten Republiken ergeben, unter Verantwortlichkeit des Bevollmächtigten an seinem Aufenthaltsort gegenüber allen Klagen, die sich auf Operationen der Firma auf dem Gebiete der RSFSR und der mit ihr verbündeten Republiken stützen.

Anmerkung: Für den Fall vorübergehender Abwesenheit des Bevollmächtigten muß dieser das Recht besitzen, seine Vollmachten auf einen Stellvertreter zu übertragen, und ist hierzu verpflichtet.

9) Die ausländische Firma muß sich für ihre Tätigkeit auf dem Gebiete der RSFSR und der mit ihr verbündeten Republiken sowohl den zur Zeit geltenden als auch den künftig zu erlassenden Gesetzen und Verordnungen der Regierung der RSFSR und der mit ihr verbündeten Republiken unterwerfen, insbesondere den Gesetzen und Verordnungen der Regierungen der RSFSR und der mit ihr verbündeten Republiken über die staatliche Aufsicht über Handels- und Industrieunternehmungen, über den Schutz der in ihnen beschäftigten Arbeiter und Angestellten, über die Besteuerung der Unternehmungen sowie ihre Eintragung und öffentliche Rechnungslegung.

10) Die Firma ist für ihre Tätigkeit im Gebiete der RSFSR und der mit ihr verbündeten Republiken mit ihrem gesamten beweglichen und unbeweglichen Vermögen haftbar, wo immer sich dieses befinden mag.

Anmerkung: Das der Firma im Gebiet der RSFSR und der mit ihr verbündeten Republiken gehörende Vermögen und alle ihr auf Grund ihrer Tätigkeit im Gebiet der RSFSR und den mit ihr verbündeten Republiken zustehenden Zahlungen sind zur vorzugsweisen Befriedigung derjenigen Ansprüche zu verwenden, die sich aus Operationen in der RSFSR und den mit ihr verbündeten Republiken ergeben.

11) Die Erlaubnis zur Vornahme von Operationen auf dem Gebiete der RSFSR und der mit ihr verbündeten Republiken verliert ihre Wirksamkeit:

a) nach Ablauf der Frist, für die die Erlaubnis erteilt ist;

b) wenn die Firma ihre Existenz im Auslande beendigt;

c) wenn die Firma diejenigen Bedingungen verletzt, auf Grund deren sie zur Vornahme ihrer Operationen auf dem Gebiet der RSFSR und der mit ihr verbündeten Republiken zugelassen war.

12) Alle im Gebiet der RSFSR und der mit ihr verbündeten Republiken zur Zeit der Veröffentlichung der Verordnung des Allrussischen Zentral-Exekutiv-Komitees und des Rates der Volkskommissare vom 12. April 1923 (Gesetzessammlung 1923 Nr. 31 Art. 345) bestehenden ausländischen Firmen müssen, wenn sie ihre Tätigkeit fortzusetzen wünschen, binnen eines Monats seit der Veröffentlichung dieser Instruktion einen entsprechenden Antrag an das Volkskommissariat für Außenhandel richten. Diese Firmen müssen außer den in der gegenwärtigen Instruktion vorgesehenen Angaben auch solche über den Ort und den Charakter ihrer Tätigkeit in der RSFSR während der letzten Zeit machen. Ueber den Empfang eines solchen Antrags und aller in dieser Instruktion vorgesehenen Unterlagen dazu wird der Firma eine entsprechende Bescheinigung erteilt. Die Anträge der erwähnten ausländischen Firmen werden auf dem gewöhnlichen Wege geprüft, wobei den vorhandenen Vertretungen ausländischer Firmen, denen

eine Bescheinigung über die Einreichung des Antrages erteilt ist, anheimgestellt wird, ihre Tätigkeit bis zum Empfang einer Antwort auf ihr Gesuch fortzusetzen.

Der Volkskommissar für Justiz:
Kurski,

Der Vorsitzende der Kommission für Binnenhandel beim Rat für Arbeit und Verteidigung:
Leshawa,

Der Vertreter des Volkskommissars für auswärtige Angelegenheiten:
Litwinow,

Für den Volkskommissar für innere Angelegenheiten:
Poljakow,

Der Vertreter des Hauptkonzessionskomitees:
Pjatakow.

12. Mai 1923.

Veröffentlicht in Nr. 115 der
„Nachrichten des Allrussischen Zentral-Exekutiv-Komitees der Sowjets“ vom 26. Mai 1923.

Die hauptsächlichsten staatlichen Institutionen der Union.

Die Union Sozialistischer Sowjetrepubliken (russische Abkürzung SSSR, deutsche Abkürzung USSR) ist ein Bundesstaat, der aus vier Staaten besteht, nämlich der Russischen Sozialistischen Föderativen Sowjet-Republik (R.S.F.S.R.), der Ukrainischen Sozialistischen Sowjet-Republik (U.S.S.R.), der Weißrussischen Sozialistischen Sowjet-Republik (B.S.S.R.) und der Transkaukasischen Sozialistischen Föderativen Sowjet-Republik (Z. S. F. S. R.). Die letztere besteht ihrerseits aus den drei Sozialistischen Sowjet-Republiken Georgien, Armenien und Aserbeidjan.

Die R.S.F.S.R. zählt zu ihrem Bestande eine Reihe autonomer Republiken und Territorien, z. B. die baschkirische, die tatarische, die kirgisische, die turkestanische, die Krim, die Republik der Wolga-Deutschen usw., die autonomen Territorien der Woten, der Tschuwaschen, der Tscherkessen usw.

Die höchste Institution in der U.S.S.R. ist der Sowjet-Kongreß, dessen Delegierte zu jedem Kongreß neu gewählt werden. In der Zeit, während der Sitzungen der Kongresse steht die oberste Gewalt dem vom Kongreß gewählten Zentral-Exekutiv-Komitee (Z.E.K.) zu. Dieses Komitee wählt ein Präsidium, welchem die höchste legislative und administrative Gewalt zusteht, wenn das Komitee nicht tagt.

Das Zentral-Exekutiv-Komitee der Union wählt den Rat der Volkskommissare (Sownarkom), der einem Ministerrat entspricht und das vollziehende und administrative Organ des Z.E.K. ist. Der Rat ist dem Z.E.K. verantwortlich, und seine Verfügungen können durch das Z.E.K. außer Kraft gesetzt werden.

Es bestehen dreierlei Volkskommissariate:

1. Für Auswärtige Angelegenheiten (N.K.J.D.),
   Für das Kriegs- und Marinewesen (Narkomwojen)
   Für Außenhandel (N.K.W.T.),
   Für Verkehrswesen (N.K.P.S.),
   Für Post und Telegraph (N.K.P.T.).

   Diese Volkskommissariate bestehen nur für die ganze Union und sind die einzigen Organe, die die entsprechenden Fragen regeln.

2. Der Oberste Volkswirtschaftrat (W.S.N.Ch.)
   Volkskommissariat für Innenhandel (Narkomwnutorg)
   „ „ Finanzen (Narkomfin),
   „ „ Arbeitswesen (N.K.T.)
   Die Arbeiter- und Bauern-Inspektion (R.K.T.), die die Staatskontrolle ausübt.

   Diese Volkskommissariate bestehen für die ganze Union und regulieren die Tätigkeit der entsprechenden Volkskommissariate der einzelnen Republiken.

3. Volkskommissariate für Justiz (Narkomjust),
" " Gesundheitswesen (Narkomzdraw)
" " Volksbildung (Narkompros)
" " Innere Angelegenheiten (Narkomwnudel)
" " Soziale Versicherung (Narkomsobez).

Diese Volkskommissariate bestehen nur in den einzelnen Republiken; entsprechende gemeinsame Organe der Union existieren nicht.

Die Struktur der einzelnen Republiken ist ähnlich derjenigen der Union. Die oberste Gewalt liegt bei dem Sowjet-Kongresse der ein Zentral-Exekutiv-Komitee wählt. Die ausführenden Organe dieses Komitees sind sein Präsidium und der Rat der Volkskommissare.

Das wirtschaftliche Leben der Union wird durch folgende Behörden geleitet:

Der Rat für Arbeit und Verteidigung (S.T.O.) ist eine (besonders wichtige) Kommission des Rates der Volkskommissare der Union. Zu den Befugnissen des S.T.O. gehören: Die wirtschaftliche und Finanzpolitik der Union, Studium der Lage einzelner Gebiete der Volkswirtschaft und ihrer Entwicklung, Regulierung der Tätigkeit der Oekonomischen Räte (s. u.), der Kommission für staatliche Planwirtschaft und der Obersten Schiedsgerichtskommission. Die Beschlüsse des S.T.O. müssen vom Rat der Volkskommissare bestätigt werden.

Die Oekonomischen Räte (Ekoso) bestehen in jeder Republik und besitzen dieselben Befugnisse und Rechte, wie der S.T.O. in der Union; sie unterstehen dem S.T.O.

Die Kommission für staatliche Planwirtschaft (Gosplan) hat zur Aufgabe die Ausarbeitung von wirtschaftlichen und finanziellen Plänen, die das wirtschaftliche Leben der Union regeln sollen. Gesetzentwürfe müssen zuerst vom Gosplan und sodann vom S.T.O. bestätigt werden. Sie gelangen danach in den Rat der Volkskommissare; die endgültige Entscheidung steht dem Zentral-Exekutiv-Komitee zu.

Das Hauptkonzessionskomitee (Glawkonzesskom) regelt die Zulassung von ausländischem Kapital in die Union für industrielle und gewerbliche Zwecke. Ihm obliegen auch die entsprechenden Verhandlungen, Abschluß von Konzessionsverträgen, die auch Ausnahmen von den allgemeinen Gesetzen enthalten können, die Genehmigung „gemischter Gesellschaften", d. h. solcher, an denen ausländisches Kapital beteiligt ist. Die Beschlüsse dieses Komitees werden vom Rate der Volkskommissare bestätigt. Keine der Institutionen der Union darf ohne Genehmigung des Komitees in Verhandlungen über eine Konzession treten. Das Komitee besitzt Vertretungen in Berlin und London.

Der Oberste Volkswirtschaftsrat (W.S.N.Ch.) der Union ist ein Volkskommissariat, dem die Organisation und allgemeine Verwaltung der gesamten Industrie der Union, sowie die unmittelbare Verwaltung der staatlichen Betriebe übertragen ist. Dem Obersten Volkswirtschaftrat sind die Volkswirtschaftsräte der einzelnen Republiken unterstellt.

Das Komitee für Erfindungsangelegenheiten (Patentamt) untersteht dem Obersten Volkswirtschaftsrate.

Dem Volkskommissariat für Außenhandel (Narkomwneschtorg) obliegt die Regelung des gesamten Außenhandels der Union, der ein staatliches Monopol darstellt. Ohne Genehmigung dieses Volkskommissariats können keine kommerziellen Transaktionen mit dem Auslande getätigt werden. Das vollziehende Organ dieses Volkskommissariats ist das Staatliche Export- und Import-Büro (Gostorg). Die ausländischen Organe des Volkskommissariates für Außenhandel sind die Handelsvertretungen.

Druck von Kummer & Co., G. m. b. H., Berlin C 2.

FSC
www.fsc.org
MIX
Papier | Fördert gute Waldnutzung
FSC® C083411

Kolibri 360 GmbH
Ferdinand-Jühlke-Straße 7
99095 Erfurt, Deutschland
produktsicherheit@kolibri360.de